古文字与中华文明
传承发展工程

史家讲史

王子今 著

汉武英雄时代

图书在版编目（CIP）数据

汉武英雄时代 / 王子今著. -- 北京：华夏出版社有限公司，2024.1

（史家讲史）

ISBN 978-7-5222-0543-4

Ⅰ. ①汉… Ⅱ. ①王… Ⅲ. ①历史人物 – 人物研究 – 中国 – 西汉时代 Ⅳ. ① K820.341

中国国家版本馆CIP数据核字（2023）第146065号

汉武英雄时代

作　　者	王子今
责任编辑	杜晓宇　吕　方
责任印制	周　然

出版发行	华夏出版社有限公司
经　　销	新华书店
印　　装	三河市万龙印装有限公司
版　　次	2024年1月北京第1版 2024年1月北京第1次印刷
开　　本	880×1230　1/32
印　　张	8
字　　数	175千字
定　　价	49.00元

华夏出版社有限公司　地址：北京市东直门外香河园北里4号　邮编：100028
网址：www.hxph.com.cn　电话：（010）64663331（转）
若发现本版图书有印装质量问题，请与我社营销中心联系调换。

目 录

001	前言：汉武英雄
007	刘彻和他的少年生活
008	"梦日入怀"神话
012	从胶东王到皇太子
014	刘彻的兄弟姐妹
017	王宫的书香：河间献王刘德和鲁恭王刘余
019	江都易王刘非的武功
020	临江王悲剧
021	南宫公主的婚事
031	老祖母窦太后
035	十六岁的帝王
036	等待汉武帝出场的舞台
038	文景的遗产
042	窦婴和田蚡
046	汉武出猎

| 050 | 尊儒：建元初年的权力试探 |

055　武帝的文治

056	罢黜百家，表章《六经》
059	公孙弘走上政坛
064	太学的兴立
066	儒学领袖董仲舒
068	察举：选官制度的革命

071　武皇开边

072	用兵匈奴
080	打通西域道路
090	南越归服
094	夜郎入朝
099	朝鲜置郡
101	天马西来

113　中国文学艺术的一个收获季节

114	汉赋的成就
118	司马相如及其赋作
120	大隐金门东方朔
124	乐府：一种文化制度，一种文化风格
127	音乐家李延年

| 129 | 汉武帝"略输文采"？

| 135 | 中国文化的两座历史高峰
| 136 | 刘安·《淮南子》
| 139 | 司马谈·司马迁·《史记》

| 147 | 将星照耀北天
| 148 | 大将军卫青
| 153 | 霍去病：匈奴未灭，无以家为！
| 156 | 飞将军李广
| 165 | 博望侯张骞
| 170 | 苏武：忠烈的楷模

| 173 | 征和年间的动乱
| 174 | 汉武帝的神仙迷信和长生追求
| 180 | 太子刘据和他的博望苑人才集团
| 182 | 巫蛊之祸
| 186 | 思子宫和归来望思之台
| 188 | 英雄手笔《轮台诏》

| 193 | "昭宣中兴"的奠基人
| 194 | 钩弋故事
| 197 | 武帝的临终遗诏

199	富民侯田千秋
202	御史大夫桑弘羊
205	霍光秉政
208	匈奴"降俘"金日䃅

211	**汉武帝的情感生活**
212	童话"金屋藏娇"
215	卫子夫霸天下
217	情爱的幻境：方士为致夫人魂魄
219	王夫人？李夫人？
225	汉武帝的女人们

227	**汉武帝的政治性格**
228	残厉的"告缗"
229	十二个丞相
233	栽培酷吏
235	李陵案例
237	汉武帝的暴政酷刑灭杀了多少英雄？

239	结语：汉武帝时代的民族精神
246	相关链接
247	新版后记

汉武英雄

2160年前,也就是汉景帝前元元年(前156)的七月七日,汉王朝都城长安的皇宫中,虽然宽大的屋檐遮挡了灼热的阳光,殿内依然暑热蒸腾。产后的王美人满面汗滴。汉景帝刘启用手巾为她拭去额上的汗珠,看着襁褓中的新生婴孩说:"就叫他彘儿吧!"

我们不知道这个小皇子为什么被亲切地称作"彘"。是不是因为他刚刚出生的时候就显得白胖结实的缘故呢?刘彘后来正式定名,叫作刘彻。

他,就是后来的汉武帝。

汉武帝是中国古代声名最为显赫的帝王之一。他在位54年,就执政年代的长久来说,在中国古代的皇帝中,仅次于清代的康熙帝和乾隆帝。

在帝制时代,皇帝在位时间的长短,当然可以决定政策能不能够保持连续性,但是也不能绝对地说在位时间越长就越好。南朝的梁武帝在位46年,也不算短,可他在文治武功方面都没有什么突出的建树。他所处的时代,也没有给历史留下显著的纪念。

汉武帝时代就截然不同。

这是一个积极进取的时代，一个社会生活节奏比较快的时代，一个民众的劳作和奋争都取得了丰厚收获的时代。

这是中国历史上的一个英雄时代。

历史如同一条滔滔的长河。这种比喻，早在先秦时代就经常被人使用了。"子在川上曰：'逝者如斯夫！不舍昼夜。'"这是《论语·子罕》里的话。这位思想家面对着河上的波涛说道：消逝的时光就像这河水一样啊，日夜不停地流去。孔子的话，也可以理解为面对历史的感叹。

历史长河的流动，并不是在每个河段都表现出同样的地理面貌和水文状况。有的地方，像长江三峡那样，江湍迂回，水势峻激奔暴；有的地方则潮平两岸阔，显得和缓平静。

青年毛泽东在《〈伦理学原理〉批注》中曾经谈到读史的个人情趣倾向。他写道："吾人揽（览）史，恒赞叹战国之时，刘项相争之时，汉武与匈奴竞争之时，三国竞争之时，事态百变，人才辈出，令人喜读。至若承平时代，则殊厌弃之，非好乱也，安逸宁静之境，不能长处，非人生之所能堪，而变化倏忽，乃人性之所善也。"毛泽东的观点，不仅说明了一般人看历史的共同的心理倾向，同时也提出了对于把握和理解历史文化基本脉络的敏锐的认识。他所说的"汉武与匈奴竞争之时"，确实是一个"事态百变，人才辈出"的时代。

汉武帝时代，西汉王朝开始进入全盛时期。其政治体制、经济形式和文化格局，对后世都有相当重要的历史影响。

汉武帝时代，以汉族为主体的统一的多民族国家得到空前的巩固，汉文化的主流形态基本形成，中国开始以文明和富强的政治实体和文化实体闻名于世。

汉武帝时代,是英才荟萃的时代。文学、史学、哲学、政治学、经济学、军事学等,在这一时期都有繁盛丰实的创造性的成果。当时的西汉帝国以其精神文化和物质文化的辉煌成就成为东方文明的骄傲,在林立于世界的不同文化体系之中居于领先的地位。

作为雄才大略的政治家,汉武帝的政治思想与政治实践在历史上留下了深远的影响,后人曾经给出过"汉武英雄"的评价。宋人王十朋参观水师训练,曾经作《观习水胜》诗,回顾了汉武帝当年操练水军,准备征服昆明的故事,其中也写道:"汉武英雄思拓边,昆明习战遗风传。"宋代学者苏辙引述张文潜的诗作,其中也有"龙惊汉武英雄射,山笑秦皇烂漫游"的句子。"龙惊汉武英雄射",说的是汉武帝元封五年(前106)南巡的时候,亲自在江中挽弓射蛟的事迹。后来又有明人欧大任《泊枞阳眺览遂忆汉武之游》诗:"行役届皖城,放舟下枞阳。原隰郁膴膴,江波浩汤汤。忆在元封中,君王狩朱方。大江深且广,及兹一苇航。弯弧射蛟台,皇武何可当。宸游事既往,六合无回光。不见楼船还,空余蕙兰芳。"也回忆"汉武英雄射",感叹其事既往,壮风不再。

战国时代的文化形态,表现出不同地域存在着鲜明的差异。秦王朝的统治者表现出追求文化会同的理想。秦始皇琅邪台刻石有"匡饬异俗"的字样,之罘刻石强调"远迩同度",会稽刻石宣传"人乐同则"。这些文字,其实都可以理解为克异求同的文化统一的宣言。不过,从秦末直到汉初,仍然可以看到不同地域间文化风格的明显差别。《史记》里讲,刘邦准备任用秦王朝过去的骑士做骑将，来训练自己的骑兵部队，却遭到婉拒。被任用者说："臣故秦民，恐军不信臣。"曹丘生曾经对季布说：我是楚人，您也是楚人，为什么您对于我隔阂如此深重呢？体现出当时民间人际情感方面，有浓重的地方主义色彩。汉并天下后，刘邦以齐王韩信"习楚风俗"，于是改封为楚王。又封儿子刘肥为齐王，"民能齐言者皆属齐"，老百姓能说齐地方言的，都属齐国。可见各地民俗方言仍然难以相互沟通。当时人贬低楚人的说法"楚人沐猴而冠"以及骂齐人为"齐虏"，也都表现出交通不很方便的各地区之间，人们有相互鄙视的心理倾向。

各地区间文化的进一步融汇，是在汉武帝时代实现的。

在汉武帝时代，数十年来多次挑起战争、策动割据的地方分裂势力，终于被基本肃清了。也正是在这一时期，楚文化、秦文化和齐鲁文化大体完成了合流的历史过程。西汉初年各地多见的秦式墓葬，这时已经不复存在。也正是在汉武帝时代，秦隶终于为全国文化界所认可。《礼记·中庸》说孔子有"天下车同轨，书同文"的理想。从《史记·秦始皇本纪》中也可以看到，秦始皇曾经发表"车同轨，书同文字"的政治宣传。然而文字的统一，其实是到汉武帝时代方才得以实现的。根据《汉书》记载，汉武帝推行"罢黜百家，表章《六经》"的文化政策，结束了"师异道，人异论，百家殊方"的局面，于是"令后学者有所统一"，中国文化史从此进入了新的历史阶段。

作为我们民族的基本文化形态的汉文化，在汉武帝时代大体形成了。

刘邦被项羽封为汉王，到汉中就职。后来刘邦暗渡陈仓，平定三秦，又出关和项羽决战。楚汉之争，激战数年，项羽的霸业在垓下结束，刘邦统一了天下。这个新的统一王朝被定名为"汉"。因为汉水地位的尊贵，天上的银河也被称作"汉"。由于北方少数民族将汉族男子也称为"汉"，"汉"后来又成为男子的通称。《北齐书》中已经可以看到"汉"和"汉子"作为男子个体人身称谓的例子。《旧唐书·狄仁杰传》又出现了"好汉"的说法。宋代陆游在《老学庵笔记》里说："今人谓贱丈夫曰'汉子'，盖始于五胡乱华时。"这样的说法，应当是有根据的。"汉"成为一个雄大的民族的代号，应当和汉武帝时代在黄河流域和长江流域实现了文化融合的历史成就有关。

汉武帝在位54年间，确实是文化建设取得非凡成就的时代。班固说，汉武帝时代在文化方面做出了伟大的历史贡献，重要原因之一，是汉武帝能够"畴咨海内，举其俊茂，与之立功"，就是以宽怀之心，广聚人才，给予他们文化表演的宽阔舞台，鼓励他们充分发挥自己的文化才干。班固在《汉书·公孙弘卜式儿宽传》后的赞语中，列数了当时许多身份低下者受到识拔，终于立功立言的实例，指出正是由于汉武帝的卓异的文化眼光和非凡的文化魄力，使得这些人才不致埋没，于是"群士慕向，异人并出"，形成了历史上引人注目的群星璀璨的文化景观。如班固所说，当时，"儒雅"之士，"笃行"之士，"质直"之士，"推贤"之士，"定令"之士，"文章"之士，"滑稽"之士，"应对"之士，"历数"之士，"协律"之士，"运筹"之士，"奉使"成功之士，"将率"果毅之士，"受遗"而安定社稷之士等，不可胜纪。班固所谓"汉之得人，于兹为盛"的总结，是符合当时人才队伍最为雄壮的历史事实的。也正是因为有这样一些开明干练的"群士""异人"能够焕发精神，多所创建，这一历史时期于是"兴造功业，制度遗文，后世莫及"，在最多方面完成了空前绝后的历史创造。

我们说，汉武帝时代是中国古代文化史上的英雄时代，除了汉武帝的卓越历史表现以外，还在于当时不仅有卫青、霍去病、李广、张骞等杰出军事人才的开疆辟壤，更有着司马迁、董仲舒、桑弘羊、司马相如、东方朔、李延年等人的文化贡献，使得他们和他们所处的时代，在千百年后依然声名响亮。

当然，这一现象的出现，并不完全像班固所说的，完全是汉武帝个人的作用。群星的闪耀，是因为当时社会文化的总体背景，曾经形成了中国古代历史中并不多见的澄净的晴空。

春庭行乐图,佚名。此图描绘的是宫廷嫔妃春季在宫廷行乐消遣的情景。

刘彻和他的少年生活

2179 年前，也就是汉景帝前元元年（前 156）的七月七日，汉王朝都城长安的皇宫中，虽然宽大的屋檐遮挡了灼热的阳光，殿内依然暑热蒸腾。产后的王美人满面汗滴。汉景帝刘启用手巾为她拭去额上的汗珠，看着襁褓中的新生婴孩说："就叫他彘儿吧！"

"梦日入怀"神话

刘彘的母亲王美人名叫王娡，是槐里（今陕西兴平）人王仲的女儿。

王娡的母亲名叫臧儿，是燕王臧荼的孙女。臧儿生了一个儿子（王信）、两个女儿。王仲去世，臧儿改嫁长陵田氏，此后又生了田蚡和田胜两个儿子。

臧儿的长女王娡嫁给金王孙并生了一个女儿。而臧儿卜筮，得知两个女儿都会大富贵。她看这位金王孙实在没有可能发迹，决心拆散这对夫妻。后来，王娡和她的妹妹王儿姁先后都被送到了太子刘启的宫中。

有人会疑惑，王娡这样的已婚女子怎么还可能入宫呢？

其实，汉代的风俗和后代有所不同。

在当时的社会，寡妇再嫁，是自然而合理的事。汉景帝的祖母薄太后，本来是魏王魏豹的女人，后来被刘邦偶然看中，收入自己的后宫。史书记载的社会上层妇女比较著名的实例，还有平阳公主初嫁曹时，再嫁卫青；敬武公主起初嫁给张临，又成了薛宣的妻子；王媪先嫁王更得，又嫁王乃始；许孃初嫁龙额思侯,再嫁淳于长;汉元帝冯昭仪母先与冯昭仪父结合,后来又嫁了郑翁;汉桓帝邓后母初嫁邓香,又嫁给梁纪等。

东汉初年,光武帝刘秀的姐姐湖阳公主新寡,刘秀和她一起评论群臣,有心微察其意向。公主说:"宋公威容德器,群臣莫及。"表示对大司空宋弘德才与仪表的爱慕。刘秀愿意谋求撮合。据《后汉书·宋弘传》记载,刘秀后来专意接见宋弘,让湖阳公主坐在屏风后面。刘秀对宋弘说:都说人尊贵了就会换朋友,富有了就会换妻子,这也是人之常情吧?宋弘则表示:"臣闻贫贱之交不可忘,糟糠之妻不下堂。"刘秀于是对公主说:"事不谐矣。"告诉她事情没有办成。虽然宋弘拒绝了刘秀的暗示,其事最终"不谐",但是湖阳公主敢于主动追求有妇之夫的行为给人们留下深刻印象,可以看作是反映当时社会风尚的重要信息。

在西汉初年,有更多有关妇女改嫁的例子。

汉初丞相陈平的妻子,据说在嫁给陈平之前已五次守寡。《史记·陈丞相世家》说:"户牖富人有张负,张负女孙五嫁而夫辄死,人莫敢娶。(陈)平欲得之。"城中有人办丧事,陈平帮助操办,尽心竭力。张负于是对他产生了良好的印象,又随陈平至其家,看到他家中虽然破败,然而"门外多有长者车辙"。张负对儿子张仲说:我愿意把孙女嫁给陈平。张仲因陈平贫穷又无所作为,表示疑虑。张负坚持说:像陈平这样出色的人,怎么能长久贫贱呢?决意成就这一婚姻。吴景超先生在《西汉寡妇再嫁之俗》文中分析汉代女子再嫁情形,曾经写道:"其中嫁人次数最多的,要算陈平娶到的妻子。他的妻子姓张。"他又分析了"这位张女士的历史以及嫁给陈平的经过"。

他说:"这个故事,有好几点值得注意。第一,嫁过五次的女子,不厌再嫁。第二,寡妇的尊长,不但不劝寡妇守节,还时时刻刻在那儿替她物色佳婿。第三,嫁过几次的女子,也有男子喜欢她,要娶她。第四,寡妇的父亲,并不以女儿为寡妇,而降低其择婚的标准。此点从张仲的态度中可以看得出来。张负肯把孙女嫁给陈平,并非降低标准,乃是他有知人之明,看清陈平虽然贫困,将来终有发达的一日。"钱钟书先生在《管锥编》中于"张负女孙五嫁而夫辄死,人莫敢娶"语后写道:"按即《左传》成公二年巫臣论夏姬所谓'是不祥人也!'"看来,"人莫敢娶",是因为有"克夫"的嫌疑,并不是嫌弃她是"嫁过几次的女子"。

汉代寡妇再嫁不受约束、不失体面的风习,至汉末仍然多有史证。正如董家遵先生在《中国古代婚姻史研究》中所指出的:"揭开《三国志》的妃后列传,最令人注目的便是魏、蜀、吴的第一个皇帝,都曾娶过再嫁的寡妇。"

看来,已婚并且生有子女的王娡能够入宫,并不违背当时的社会礼俗。而臧儿有信心让王娡入宫谋求好的际遇,也一定是因为王娡有比较好的个人条件。

王娡的名字,大概也不是随便取的。据说有莘的女儿就叫作娡,她嫁给了著名的治水悲剧英雄鲧,被称作女娡。

王娡入宫后,果然得到太子刘启的宠爱。她在刘启身边的身份,史书称作"王美人",又称作"王夫人"。

王娡为刘启生了三个女儿一个儿子。三个女儿是平阳公主、南宫公主和隆虑公主。她的儿子,就是刘彘。

据说怀孕的时候,王美人梦见太阳滚动到自己的怀中。她悄悄地告诉了太子刘启。太子说:"这可是贵不可言的征兆啊。"

《汉武内传》还记载了这样的传说:刘彘尚未出生的时候,刘启梦见赤彘从云中直下降入宫中,又有赤龙遮蔽殿阁门窗,又曾梦见神女捧日授王夫人。据《汉武故事》,汉高祖刘邦托梦刘启,指示这位新生婴儿应当命名为"彘"。

刘彘还没有出生,汉文帝就去世了,刘启即位,成为汉景帝。

怀刘彘的时候,梦见日入其怀,只是王夫人自己的陈述,其他任何人都不能确定地证明这种说法的真实性。古代许多帝王都有出生的时候发现异象瑞兆的传说,真真假假,人们无从评断。明人徐应秋《玉芝堂谈荟》卷一讨论"帝王诞生瑞征",列举历代"史传中所记诞圣瑞征"共计五十二例,这当然还是很不完全的。我们不能排除孕妇神志恍惚之间偶尔的幻视幻听的可能,但是这些"诞圣瑞征"中,大多数都应当是为了强化臣民的政治迷信而有意编造的谎言。

古来梦日入怀的神话,除了汉武帝之外,比较著名的,还有孙权的故事。《宋书·符瑞志上》说,孙坚的妻子怀孙策的时候,梦月入其怀,后来怀孙权的时候,又梦日入怀。她告诉了孙坚。孙坚说:日月分别是阴阳之精,是贵不可及的象征,也许我的子孙真的要飞黄腾达了!又如《晋书·刘聪载记》中记载了这样的故事:"初,(刘)聪之在孕也,张氏梦日入怀,寤而以告,元海曰:'此吉征也,慎勿言。'十五月而生聪焉,夜有白光之异。"也说刘聪的母亲怀孕的时候"梦日入怀",她醒来之后,告诉了刘聪的父亲刘元海。刘元海说,这是吉祥的征兆,可不要对别人说啊。据宋人王称《东都事略》卷一记载,宋太祖赵匡胤出生的时候,也有"梦日入怀"的瑞兆。

《晋书·孝武文李太后传》写道,这位李太后竟然几次梦见"日月入怀",后来生了孝武帝和会稽文孝王和鄱阳长公主。《十六国春秋》卷六三《南燕录一·慕容德》又说,慕容德的母亲公孙夫人怀孕的时候,曾经"梦日入其脐中"。《北齐书·后主纪》记载,后主的母亲胡皇后梦中"于海上坐玉盆,日入裙下",于是怀孕。这些故事,也是梦日入怀传说的翻版。

古时候用太阳来比喻帝王,是一种宣扬政治迷信的程式。汉代已经有了这样的说法。对于太阳,西汉人已经有"人君之表"的说法。《说文》说,是"君象"。《后汉书·郑兴传》中也可以看到"日,君象"的观念。《续汉书·五行志六》又写道:"日者,太阳之精,人君之象。"崔豹《古今注》里为帝王作颂歌:"天子之德,光明如日。"称颂帝王是太阳,是帝制时代臣民奴性意识的反映。汉武帝尽管是有作为的帝王,但是他也是在历史提供的舞台上进行表演的。在今天的人们对汉武帝的赞美之词中,仍然可以看到"中国历史上的一位真正的太阳之皇、圣武大帝"这样的说法,可见古来太阳崇拜所体现权力观的强辐射长久地影响着中国人的政治心理。

从胶东王到皇太子

汉景帝为太子的时候,老祖母薄太后为他选定了一位薄氏女子为妃。景帝即位后,薄妃成为薄皇后。薄皇后不受景帝宠爱,也没有生子。太皇太后薄老太太去世以后,刘启就废了这位薄皇后。

刘启的大儿子刘荣被立为太子。刘荣是栗姬所生，于是被称为栗太子。

这种子从母姓的现象，是汉代的一种特殊的风习。

后来汉武帝的儿子刘据立为太子，因为生母是卫皇后卫子夫，又被称为"卫太子"。刘据的儿子刘进，因为生母是史良娣，所以又称作"史皇孙"。平阳公主也随母姓，号"孙公主"。汉灵帝的儿子刘协，也就是后来的汉献帝，因为由董太后亲自抚养，于是称作"董侯"。淮南国太子有称为"蓼太子"者，据说"蓼"也是"外家姓"，也就是他母亲的姓。这一现象不限于皇族之中。高祖功臣夏侯婴的曾孙夏侯颇娶了被称为"孙公主"的平阳公主，以致后世子孙都为孙氏。世系从母系方面来确定，是远古时代的婚姻关系所决定的。郑樵在《通志·氏族略》中曾经指出，直到三代以后，"姓之字多从女，如姬、姜、嬴、姒、妘、姞、妫、嫘、嫣、始、缪之类是也"。保留古风的文明程度较为落后的民族也有姓氏从母的习俗。《新唐书·宰相世系表一上》也说，匈奴人据说"其俗贵者皆从母姓"。汉代上层社会的这一现象，可以看作承认母系这种古老文化现象的遗存。

汉景帝在身体欠安、情绪不好的时候，曾经托付栗姬照料宫中诸姬所生皇子。他嘱咐道：等我百岁之后，你一定要善待他们。没有想到心地狭隘的栗姬竟然不肯答应，她不仅拒绝这样的托付，而且出言不逊。汉景帝深为不满，但是并没有马上公开发作。

长公主经常向汉景帝夸赞王夫人所生子刘彘形貌、品性的美好，汉景帝自己也很喜欢这个儿子。他记得王夫人怀刘彘的时候，曾经梦见日入其怀的吉兆。不过，他还尚未下废立太子的决心。

这时，王夫人察知汉景帝内心对栗姬有所不满，于是暗中策动大臣提议立栗姬为皇后。主管诸侯事务和礼仪典式的行政长官大行奏事，奏文引用了《春秋公羊传》里的话，说：经文里边讲了，"子以母贵，母以子贵"。今太子母应当使用"皇后"的名号。

汉景帝大怒，严厉斥责道：这难道是你所应当插嘴的吗！于是竟然将大行处死，又废太子刘荣为临江王。

栗姬不仅自己没有得到皇后的名号，儿子的太子地位也丢了。她愈为怨怒，然而她再也没能够见到汉景帝，终于在忧懑中死去。

汉景帝于是立王夫人为皇后，王夫人所生子刘彘，定名为刘彻，立为太子；又封皇后兄王信为盖侯。就盖侯之封这件事，汉景帝曾经与丞相周亚夫发生直接的争执。周亚夫执意坚持刘邦当年的约定："非刘氏不得王，非有功不得侯。不如约，天下共击之。"[①] 汉景帝因此更为嫌恨周亚夫。周亚夫后来被免职。他去世之后，王信封侯终于成为事实。

刘彻的兄弟姐妹

关于汉景帝的子女，《史记·外戚世家》记载："景帝十三男，一男为帝，十二男皆为王。""王太后长女号曰平阳公主，

---

① 《汉书·周亚夫传》

次为南宫公主,次为林虑公主。"梁玉绳《史记志疑》卷二六指出:《史记》记录的人数有差误。应当是:"景帝十四男,一男为帝,十三男皆为王。"又指出"林虑公主"应当是"隆虑公主"。

梁玉绳指出:"《汉志》河内郡有隆虑县,因避东汉殇帝讳改名林虑。《高祖功臣表》及《惠景侯表》皆作'隆虑',而此独作'林虑',盖后人妄改之。"这一意见,是正确的。

除了汉武帝刘彻之外的"十三男","皆为王",这就是我们在《汉书·景十三王传》中所看到的:河间献王刘德,临江哀王刘阏,临江闵王刘荣,鲁恭王刘余,江都易王刘非,胶西于王刘端,赵敬肃王刘彭祖,中山靖王刘胜,长沙定王刘发,广川惠王刘越,胶东康王刘寄,清河哀王刘乘,常山宪王刘舜。

这"十三王",再加上汉武帝刘彻,共"十四男"中,王皇后生汉武帝刘彻;栗姬生临江闵王刘荣、河间献王刘德、临江哀王刘阏;程姬生鲁恭王刘余、江都易王刘非、胶西于王刘端;贾夫人生赵敬肃王刘彭祖、中山靖王刘胜;唐姬生长沙定王刘发;王夫人生广川惠王刘越、胶东康王刘寄、清河哀王刘乘、常山宪王刘舜。

这里所说的王夫人,就是王皇后的妹妹儿姁。

我们现在所知道的汉景帝的子女,情形大略如下表:

姓 名	性 别	生 母	封号谥号	备 注
刘 荣	男	栗 姬	皇太子——临江闵王	汉景帝中元四年自杀,无子,国除
刘 德	男	栗 姬	河间献王	

续表

姓 名	性别	生母	封号谥号	备 注
刘 阏	男	栗姬	临江哀王	汉景帝五年薨，无子，国除
刘 余	男	程姬	鲁恭王	
刘 发	男	唐姬	长沙定王	以其母微无宠，所以封在卑湿贫国
刘 非	男	程姬	汝南王——江都易王	
刘彭祖	男	贾夫人	赵敬肃王	
刘 端	男	程姬	胶西于王	
刘 胜	男	贾夫人	中山靖王	
刘 彻	男	王美人	胶东王——皇太子	汉景帝崩，即皇帝位，即汉武帝
刘 越	男	儿姁	广川惠王	
刘 寄	男	儿姁	胶东康王	
刘 乘	男	儿姁	清河哀王	
刘 舜	男	儿姁	常山宪王	
刘 ？	女	王美人	平阳公主	
刘 ？	女	王美人	南宫公主	
刘 ？	女	王美人	隆虑公主	

其中汉武帝的庶兄中山靖王刘胜和他的妻子窦绾的墓葬，1968年在河北满城发现，由于规模较大，又没有经过盗掘，完整地保存了数量丰富的随葬物品，对于认识汉代历史文化提供了宝贵的资料。

汉景帝是西汉帝王中子女最多，后嗣最为繁盛的。

王宫的书香：河间献王刘德和鲁恭王刘余

汉景帝的儿子中，有两位在中国文化史上留有姓名。

一位是好儒学者刘德。

《史记·五宗世家》记述，刘德喜好儒学，山东诸儒中多有热心的追随者。《汉书·景十三王传》也写道："（刘德）修学好古，实事求是。"现在人们经常使用的"实事求是"的说法，最初就是从这里来的。

刘德从民间用重金征集善本古籍，留下真本，将精心缮写的副本给予书的主人。于是四方各地有学问的人往往不远千里，将祖辈留下的旧书献上。据说刘德所收藏的书籍，竟然与汉王朝国家图书馆所有的数量相当。刘德好学，又注重收集书籍，重视文化建设。班固在《汉书·景十三王传》最后的赞语中，还特别对河间献王刘德"卓尔不群"的"大雅"之风表示称许。

汉景帝的儿子中，另一位于文化继承有功的是鲁恭王刘余。他以"好治宫室苑囿狗马"及"好音，不喜辞辩"著名，却因此意外地导致了一次非常重要的文化发现。

对于鲁恭王刘余"好治宫室苑囿狗马"，陈直《史记新证》写道："鲁灵光殿遗址，出土有鲁九年所造北陛刻石（现藏北京大学历史系），盖为共王余之物，与本文正合。"

这就是所谓"孔壁中经"的发现。

汉代的墙壁，大多都是黄土夯击筑成的。谁会想到在这夯土中间，竟然深藏着文化呢？

汉武帝时，鲁恭王为扩建宫室拆毁孔子旧宅，在夹壁中发现了古文经传多种，其中包括《尚书》《礼记》《春秋》《论语》《孝经》等。这批简牍文书发现之后，在儒学得到发展的同时，曾经出现了搜集和整理图书的热潮。汉武帝命令广开献书之路，又设写书官抄写书籍。当时集中了相当数量的书籍，外廷有太常、太史、博士之藏，宫内有延阁、广内、秘室之府。汉成帝时，又进一步访求天下遗书，并命刘向总校诸书。刘向的儿子刘歆继承父业，在校书过程中发现了一些儒学经典的不同底本。他宣布他发现了古文《春秋左氏传》，还说发现了《礼》三十九篇（《逸礼》）以及《尚书》十六篇（《古文尚书》）。这两种书据说都是鲁恭王坏孔子旧宅时所得到，由孔子十二世孙孔安国献入秘府的。刘歆要求把这些书立于学官，并且与反对这一主张的博士进行激烈的论辩，于是经学中出现了今文经学和古文经学两个流派。

> 鲁恭王余以孝景前二年立为淮阳王。吴楚反破后，以孝景前三年徙王鲁。好治宫室苑囿狗马，季年好音，不喜辞。为人口吃难言。……恭王初好治宫室，坏孔子旧宅以广其宫，闻钟磬琴瑟之声，遂不敢复坏，于其壁中得古文经传。
>
> ——《汉书·景十三王传·鲁恭王刘余》

唐人崔日知《冬日述怀奉呈韦祭酒张左丞兰台名贤》诗写道："孔壁采遗篆，周韦考绝编。"又如元代诗人柳贯《尊经堂诗》："济南耄言出，孔壁发神秘。"王逢《后无题》诗之五：

"衣冠并入梁园宴,简册潜回孔壁光。"都说到孔子宅壁中这批经书的发现。这次非常著名的发现,使当时的人们看到了秦始皇焚书之前宝贵的文化遗存。

江都易王刘非的武功

汉景帝还有一个儿子以勇武著名。这就是江都易王刘非。

《史记·五宗世家》记载:吴楚七国之乱爆发之后,当时为汝南王的刘非不过15岁,上书请战,志愿从军击吴。

汉景帝赐予他将军印,使他得以参与平叛战斗。

叛乱平定之后,刘非由汝南王改封为江都王,管理吴国过去的疆土。可见他因战争的锻炼,受到汉景帝的器重。景帝甚至因为刘非军功显赫,赐给他天子使用的旌旗。

汉武帝元光五年(前130),匈奴大肆侵犯北边,这位勇猛好战的诸侯王已经近40岁,仍然上书请求率军出击匈奴,但是没有得到武帝准许。

汉武帝欣赏江都王刘非的好勇精神,在他入朝时,曾经相约一同在上林苑中行猎。

南朝梁元帝编了一部叫作《金楼子》的书,其中卷三有《说蕃》篇,"杂举古侯王善恶之事,以列劝戒",总结了他所看到的历代诸侯事迹中可以引为经验教训的,用来教育皇族。其中刘非事迹被看作"以武功著",列在以勇武著称、在平定吕后之乱的政治变局中起了关键作用的朱虚侯刘章之后。

刘非管理江都国,据《史记·五宗世家》说"好气力,治宫观,招四方豪桀,骄奢甚"。他交结四方豪杰,生活骄奢不检。

刘非做了26年江都王，死后儿子刘建继为王。刘建私下铸作兵器，时常佩用父亲当年的将军印，车上载立汉景帝所赐天子旌旗出行，看来也有追求武功之心。后来因为受淮南王、衡山王谋反案的牵连，又由于后宫淫乱罪行的败露，刘建自杀。于是江都国不复存在，其管辖的地方并入汉王朝直属的区域，成为广陵郡。

江苏盱眙2009年底起由南京博物院考古研究所勘探发掘的大云山汉墓，出土了等级甚高、数量丰富的文物。墓主应当就是江都王刘非。

临江王悲剧

汉景帝十三位做诸侯王的儿子中，有两位临江王在汉景帝在世时就已经丧身，其国亦除。

临江哀王刘阏于汉景帝二年（前155）立，三年后（前152）去世，无子，国除。

> 祖者行神，行而祭之，故曰祖也。《风俗通》云："共工氏之子曰修，好远游，故祀为祖神。"又崔浩云："黄帝之子累祖，好远游而死于道，因以为行神。"亦不知其何据。盖见其谓之祖，因以为累祖，非也。据《帝系》及《本纪》皆言累祖黄帝妃，无为行神之由也。又《聘礼》云"出祖释軷，祭酒脯"而已。按：今祭礼，以軷壤土为坛于道，则用黄羝或用狗，以其血衅左轮也。
>
> ——司马贞《史记索隐》

《荆州图副》云:"汉临江闵王(刘)荣始都江陵城,坐侵庙壖地为宫,被征,出城北门而车轴折。父老共流涕曰:吾王不反矣!既而为郅都所讯,惧而缢死。自此后北门存而不启,盖为(刘)荣不以道终也。"

——张守节《史记正义》

临江闵王刘荣,在汉景帝四年(前153)时立为皇太子,四年之后,也就是汉景帝中元元年(前149)废为临江王。再三年后,刘荣因为占用了宗庙外缘地以营建宫室,被刑讯治罪,恐惧自杀。因为没有儿子继承王位,封国也就不再存在了。

关于刘荣之死,《史记·五宗世家》中可以看到这样的记载:天子召见刘荣,临行,在江陵北门行祖道之礼,祭祀行道之神。不料上车后,车轴突然折断,不得不另外更换乘车。江陵父老以为这是此行不吉的征兆,流着眼泪私下说:"吾王不反矣!"后来刘荣面对郅都的严厉刑讯,惶恐自杀,埋葬在蓝田(今陕西蓝田),果然没有能够回到江陵。

据说后来江陵城的北门从此不再开启,就是为了对刘荣的不幸表示哀切的纪念。

南宫公主的婚事

在刘彻的兄弟姐妹中,还有一位人物应当重点介绍。这就是刘彻的姐姐南宫公主。她也是王娡所生。在电视剧《汉武大帝》中,南宫公主有比较多的表演。按照剧作者的设计,这位公主被汉景帝嫁到匈奴,曾经和两代匈奴单于结合。她曾经劝阻匈奴入侵汉地、残害汉俘、虐待汉使，在汉匈和平外交的历史上，似乎有重要的作用。南宫公主生有一个儿子于单。于单在角逐单于地位的竞争中失败，又战死于和汉王朝的战争中。

然而，史书关于这位南宫公主，其实并没有和亲匈奴的记载。对于观众提出的疑问，该剧历史顾问求实在答记者问时有这样的对话：

> **记者问**：南宫公主是否真的如剧中所说，是一个汉朝送往匈奴和亲的真公主？《史记》《汉书》中有这样的记载吗？
>
> **求实说**：南宫公主被派出和亲，《史记》《汉书》中并没有明确记载。但是在宋代工具书《册府元龟》(卷九七八)中可查到有关南宫公主的资料，记载她是汉景帝送往匈奴和亲的亲生女儿。由于这一则史料出自宋代，所以通常很少被引用，但我们认为十分珍贵。本剧编剧正是据此编创了刘彻因亲姐远嫁匈奴因而感情受到重创决心复仇的故事。

求实这里可能是沿袭了秦汉史学者王川先生的著作《汉景帝传》里边的说法。王川这样写道："景帝二女南宫公主的事迹，在《史记》《汉书》上没有明确记载。前元五年（前152），景帝曾派遣公主嫁与匈奴军臣单于。这是高祖刘邦与匈奴实行和亲政策以来第一次以真公主出嫁匈奴单于。景帝这一做法，一改以前以诸侯王、宗室之女冒充天子之女远嫁匈奴的旧例，表明了景帝对和亲的诚意。"

《汉武大帝》对白中汉景帝的台词是这样的："将自己的亲骨肉，送去那蛮荒之域，踏上那迢迢不归之路，朕也是忍痛而为之！自高祖以来，还没有一位真正的公主下嫁匈奴，朕要破这个先例了。为的是要让匈奴相信大汉的君臣子民，愿意和他们和睦相处！"

这番话，完全是王川先生观点的影视译本。

《史记·大宛列传》说，乌孙王"愿得尚汉女翁主为昆弟"。这里说"翁主"不说"公主"，值得注意。《史记·匈奴列传》记载了归降匈奴的汉朝官员中行说的话。他说："（匈奴）父子兄弟死，取其妻妻之，恶种姓之失也。"所以"匈奴虽乱，必立宗种"，而中国"亲属益疏则相杀"。说匈奴人去世，则父子兄弟得以娶其妻子，因此匈奴虽然宗族关系没有汉族那么明确，但是血统继承是牢靠的，种姓并不外失。大约依照草原游牧民族的婚姻制度和亲族礼俗，在他们的观念中，是否存在"诸侯王、宗室之女"和"天子之女"的明显的等级差别，是否存在"冒充"的问题，还可以讨论。这种"冒充"会产生对"和亲的诚意"的怀疑，可能只是汉族人的观念。如《史记·刘敬叔孙通列传》记载刘敬向刘邦提出和亲建议时所说：陛下如果能够将亲生女儿嫁给匈奴单于，可以避免战争。如果陛下不能出嫁长公主，而让宗室及后宫女子冒充长公主，对方也会知道，将不予礼遇，对缓和双方的关系没有好处。据说刘邦听了他的建议，准备遣长公主和亲，只是因为吕后日夜哭诉："妾唯太子、一女，奈何弃之匈奴！"（我只有太子和一个女儿，凭什么要把她扔到匈奴！）刘邦终究没有让长公主往匈奴和亲，而找了一名身份低下的女子冒充长公主嫁给了匈奴单于。看来，刘邦时代第一次和亲就有"冒充"情节。

然而，梁玉绳《史记志疑》卷三二早已对此提出了质疑："案：《张耳传》鲁元公主于高帝五年适赵王敖，至是时已三年矣，而云以妻单于，岂将夺而嫁之乎？娄敬之言悖也。乃帝善其言，即欲遣公主，有是理哉？必非事实。"梁玉绳说，据《张耳传》记载，刘邦的女儿在高帝五年嫁给了赵王敖，到了刘敬提出建议的时候，已经有三年之久。所说以鲁元公主和亲，难道要从赵王敖那里抢来再嫁往匈奴吗？刘敬的建议实在是太荒谬了。梁玉绳对于刘敬和刘邦、吕后关于"以适长公主妻之"的言行"必非事实"的判断，是有道理的。

据《史记·匈奴列传》记述，"高帝乃使刘敬奉宗室女公主为单于阏氏"，"孝文皇帝复遣宗室女公主为单于阏氏"，都明说"宗室女公主"，而匈奴单于致汉皇帝书说"和亲已定"，"二国已和亲，两主欢说"，似乎并没有引起对"诚意"的怀疑。

所谓"第一次以真公主出嫁匈奴单于"，王川先生提供的历史依据出自"《册府元龟》卷九七八"。王川先生还说，"这一位出嫁的真公主，只可能是南宫公主。南宫公主出嫁后，对汉匈和平有一定的促进作用，所以，她是汉唐和亲史上一位应予肯定与重视的人物。至于南宫公主出嫁军臣单于后的具体情况，由于史料的阙如就不得而知了"。

应当指出，编纂于宋代的大型类书《册府元龟》，由于成书时代距离汉代过于遥远，因此这部书中即使确实可以看到涉及和亲的"有关南宫公主的资料"，也不足以证明"《史记》《汉书》中并没有明确记载"的所谓"南宫公主被派出和亲"事确是史实。这是历史学研究者人人皆知的最基本的常识。因此有关汉史的记录，不是什么"通常很少被引用"，而是受过基本学术训练的学者"通常"根本不会"引用"。况且，我们在《册府元龟》卷九七八中，并没有看到"记载她是汉景帝送往匈奴和亲的亲生女儿"的"有关南宫公主的资料"。

《册府元龟》的原文是这样的："（景帝）五年夏，遣公主嫁匈奴单于。初帝既即位，赵王遂阴使于匈奴，会吴楚反，欲与赵合谋入边。汉围破赵，匈奴亦止。自是后，帝复与匈奴和亲，通关市，给遗单于，遣公主，如故约。终帝世时，时小入盗边，无大寇。"这里只说"公主"，而根本没有说到"南宫公主"。王川先生根据这段文字，作出"这一位出嫁的真公主，只可能是南宫公主"的推断。而《汉武大帝》的历史顾问求实却说，"《册府元龟》（卷九七八）中可查到有关南宫公主的资料"，误以为《册府元龟》的记载确实可见"南宫公主"字样了。

《册府元龟》载"（景帝）五年夏，遣公主嫁匈奴单于"事，原本出自《汉书·景帝纪》中如下记载："五年春正月，作阳陵邑。夏，募民徙阳陵，赐钱二十万。遣公主嫁匈奴单于。"关于"遣公主嫁匈奴单于"这件事，《史记·孝景本纪》没有记录。而《册府元龟》下文从"初帝既即位"到"无大寇"一段话，可以和《史记·匈奴列传》有关"孝景帝复与匈奴和亲，通关市，给遗匈奴，遣公主，如故约"的文字相对照。《汉书·匈奴传上》中的记载大略相同，只是"公主"写作"翁主"。显然，《册府元龟》从"初帝既即位"到"无大寇"的这段话，所根据的是《史记·匈奴列传》。这样我们就知道了，所谓在《册府元龟》中"查到"的"资料"，都来自《史记》和《汉书》，并不是《册府元龟》自己独有的记录。

《史记·外戚列传》褚少孙补述，汉武帝在民间找到同母姐姐金俗，并把她迎回宫中，太后和金俗相见后，"于是召平阳主、南宫主、林虑主三人俱来谒见姊"。明说有南宫公主在场。可见，她并没有远嫁匈奴，在汉武帝当政后，至少在金俗入宫时依然生活在长安。何新在《论中国历史与国民意识》文中注意到"南宫主""谒见姊"这条史料，然而表示"疑误"，此正是所谓疑所不当疑。而《汉武大帝·对白剧本》附录《汉武帝生平大事年表》则删去了褚少孙补述的这条史料及"疑误"的意见，不知是出于怎样的出发点。是不再"疑误"了，还是以为补述"南宫主""谒见姊"事的褚少孙的记录完全可以漠视？

《汉武大帝·对白剧本》的"分集故事提要"中，说"景帝在汤泉宫召幸王美人，提出将其大女儿南宫公主出嫁匈奴"。说南宫公主是"大女儿"，是明显的错误。何新说，南宫公主是"武帝的胞姊"。王川《汉景帝传》则说，"为武帝之胞妹"。"（景帝）五年夏，遣公主嫁匈奴单于"，时刘彻5岁，如南宫公主是刘彻"胞妹"，绝无可能在这时出嫁。即使是刘彻"胞姊"，是否已到婚嫁年龄依然存在疑问。彭卫先生《汉代婚姻形态》一书曾经论证汉代婚龄构成，指出"西汉初年，女子初婚年龄大都在十五岁以后"，又说，"西汉时期女子的正常初婚年龄"，是"十三四岁至十六七岁"。何新说南宫公主长刘彻"八岁"，则当时正是13岁，然而我们不知道这一年龄判断的根据在哪里。在电视剧《汉武大帝》中，有汉景帝的台词，他对王娡说："对匈奴，还是要行和亲之策。咱们南宫已经十五了吧？"

南宫公主的事迹，真的"在《史记》《汉书》上没有明确记载"吗？

其实不然，除了遵太后之命，赴长乐宫谒见金俗外，《汉书》中还有关于她的婚事的明确记载。《汉书·高惠高后文功臣表》说，芒侯耏跖薨，作为继承人的耏昭有罪，被免。景帝三年，耏昭以故列侯身份率兵击吴楚，再次被封为张侯。随后可以看到这样的记载："侯（耏）申嗣，元朔六年，坐尚南宫公主不敬，免。"颜师古解释说："景帝女也。"就是说，"芒侯耏跖"的孙子耏申娶了南宫公主，因为对公主不敬致罪，被黜免。耏申于元朔六年（前123）坐罪被免，他和南宫公主的结合当在此年或稍前的若干年。这一年，汉武帝已经34岁。看来，王川先生以为南宫公主"为武帝之胞妹"的意见可能是正确的。

《史记·高祖功臣侯者年表》的记载又提供了有关南宫公主事迹的更丰富的信息。

据司马迁记述，耏昭以故芒侯的身份率兵跟随周亚夫平定吴楚七国之乱有功，复封为张侯。汉景帝后元年（前143）三月，耏申继承了父亲的侯位。元朔六年（前123），"侯申坐尚南宫公主不敬，国除"。这是在他继承侯位20年之后发生的事。特别值得我们注意的是，唐代学者司马贞《史记索隐》里的记载："南宫公主，景帝女。初，南宫侯张坐尚之，有罪，后张侯耏申尚之也。"可知"南宫公主"称谓的使用，是因为她曾经嫁给南宫侯张坐的缘故。显然，电视剧里汉景帝说："咱们南宫已经十五了吧？"所谓"咱们南宫"的说法是不妥的。在南宫公主没有出嫁之前，她的名号中不会有"南宫"两个字。看来，"南宫侯张坐尚之"在前，那么，南宫公主和耏申的婚姻，已经是她第二次夫妻家庭组合了。

张坐和耏申在南宫公主生活经历中的出现，明白地告诉人们,这位公主完全不具有出嫁匈奴的可能性。

王川先生读史有所疏失,以致据《册府元龟》一则没有出现"南宫公主"字样的材料产生"第一次以真公主出嫁匈奴单于","这一位出嫁的真公主,只可能是南宫公主"的误解。

然而,《册府元龟》中其实是存在有关"南宫公主"的记载的,这就是卷三〇〇《外戚部·选尚》所写到的:"芒侯耏跖孙申尚孝景南宫公主。元朔六年,申坐与父御婢奸罪,自杀,国除。"这一条记载,所根据的是《史记·高祖功臣侯者年表》和《汉书·高惠高后文功臣表》,只是多了"自杀"的情节。其罪行是"与父御婢奸",与"尚南宫公主不敬"有所不同。但是,从另一角度看,"与父御婢奸",也就是和父亲的贴身侍女发生性关系,当然也是一种对作为妻子的公主的"不敬"。

王川先生在认定南宫公主是出嫁匈奴单于的"真公主"之后,随即又有"南宫公主出嫁后,对汉匈和平有一定的促进作用,所以,她是汉唐和亲史上一位应予肯定与重视的人物"的推论。而何新先生承袭这一误解,《汉武大帝》又就此大作渲染,在对汉匈关系史的认识上产生了不能不予以澄清的误会。

至于说"本剧编剧正是据此编创了刘彻因亲姐远嫁匈奴因而感情受到重创决心复仇的故事"云云,"据此编创"之所谓"此",本来就事出无稽,而将汉王朝征伐匈奴这种大规模的民族战争的发生原因,解说为帝王个人"感情受到重创"于是"决心复仇",显然也是偏离了历史的真实。

既然南宫公主并没有出嫁匈奴,那么,"(景帝)五年夏,遣公主嫁匈奴单于"的"公主",究竟是什么人呢?

《汉书·匈奴传上》所见汉景帝时代"复与匈奴和亲",

"遣翁主如故约"的说法特别值得注意。这里明说"翁主"而非"公主"。"翁主",是诸王之女。也就是说,出嫁的"公主"很可能是诸侯王的女儿。《史记·匈奴列传》和《汉书·景帝纪》说"公主",《汉书·匈奴传上》则说"翁主"。也许和亲女子其实际身份是"翁主",而对外称"公主"。而据王先谦《后汉书·皇后纪下》校补,东汉诸侯王的女儿也统称"公主",不再有"翁主"的称谓。或许《汉书·景帝纪》著者在这里是采用了东汉的说法而写作"公主"的。

我们可以对比《史记·匈奴列传》和《汉书·匈奴传上》中有关汉室和亲匈奴及乌孙的表述。

	《史记·匈奴列传》	《汉书·匈奴传上》
(1)	冒顿常往来侵盗代地。于是汉患之,高帝乃使刘敬奉宗室女公主为单于阏氏,岁奉匈奴絮缯酒米食物各有数,约为昆弟以和亲,冒顿乃少止。	冒顿常往来侵盗代地。于是高祖患之,乃使刘敬奉宗室女翁主为单于阏氏,岁奉匈奴絮缯酒食物各有数,约为兄弟以和亲,冒顿乃少止。
(2)	老上稽粥单于初立,孝文皇帝复遣宗室女公主为单于阏氏,使宦者燕人中行说傅公主。	老上稽粥单于初立,文帝复遣宗人女翁主为单于阏氏,使宦者燕人中行说傅翁主。
(3)	孝文帝崩,孝景帝立,而赵王遂乃阴使人于匈奴。吴楚反,欲与赵合谋入边。汉围破赵,匈奴亦止。自是之后,孝景帝复与匈奴和亲,通关市,给遗匈奴,遣公主,如故约。终孝景时,时小入盗边,无大寇。	文帝崩,景帝立,而赵王遂乃阴使于匈奴。吴楚反,欲与赵合谋入边。汉围破赵,匈奴亦止。自是后,景帝复与匈奴和亲,通关市,给遗单于,遣翁主如故约。终景帝世,时时小入盗边,无大寇。

续表

	《史记·匈奴列传》	《汉书·匈奴传上》
（4）	汉又西通月氏、大夏，又以公主妻乌孙王，以分匈奴西方之援国。	西通月氏、大夏，以翁主妻乌孙王，以分匈奴西方之援国。
（5）	杨信既见单于，说曰："即欲和亲，以单于太子为质于汉。"单于曰："非故约。故约，汉常遣翁主，给缯絮食物有品，以和亲，而匈奴亦不扰边。今乃欲反古，令吾太子为质，无几矣。"	杨信说单于曰："即欲和亲，以单于太子为质于汉。"单于曰："非故约。故约，汉常遣翁主，给缯絮食物有品，以和亲，而匈奴亦不复扰边。今乃欲反古，令吾太子为质，无几矣。"

我们看到，这一共5件历史事实，《汉书》的记录都写作"翁主"。而《史记》（1）至（4）例写作"公主"，最后（5）杨信一例，匈奴单于语"故约，汉常遣翁主"则作"翁主"。而一个"故"字，一个"常"字，则至少概括了（1）至（3）例和亲匈奴事，"遣公主"其实都是"遣翁主"。《汉书·惠帝纪》记载，三年春，"以宗室女为公主，嫁匈奴单于"，正说明了这一汉匈和亲惯例。

（3）"遣公主，如故约"，也就是《汉书·景帝纪》所说的"遣公主嫁匈奴单于"，与（1）（2）"宗室女公主"的表述形式不同，直说"公主"，可能是致使王川先生产生"真公主"误会的主要原因。其实只说"公主"二字，未必是"真公主"。《汉书·五行志上》记述汉文帝时代史事的文字可见例证："是时，比再遣公主配单于，赂遗甚厚。"颜师古解释说："比，频也。高祖使刘敬奉宗室女翁主为冒顿单于阏氏。冒顿死，其子老上单于初立，文帝复遣宗人女为单于阏氏。"可见这里虽然只说"公主"，然而并不是"真公主"。

当然，也存在另一种可能，就是《汉书·匈奴传上》将汉景帝"遣公主，如故约"事之"公主"误写为"翁主"。这样说来，汉景帝在王美人所生平阳公主、南宫公主和隆虑公主之外，还有其他的女儿。

我们在湖北江陵张家山出土的汉代竹简法律文书中还看到，吕后二年施行的《二年律令》中的《秩律》，说到了几位公主，就是"李公主、申徒公主、荣公主、傅公主"，她们都是确实"在《史记》《汉书》上没有明确记载"的公主。她们的身份，很可能是母姓分别为李、申徒、荣、傅的汉高祖刘邦"诸姬女"，也不能排除汉惠帝刘盈之"后宫女"的可能。看来汉景帝后宫存在名不见于史册的公主，也是完全可能的。如果汉景帝真的有其他的女儿被指派和亲，那么，则确实是"真公主"出嫁了匈奴单于。当然，要以此为基点讨论汉王朝"对和亲的诚意"，讨论这件事"对汉匈和平"的"促进作用"，有必要首先对这一史事进行严肃的论证。

显然，这种可能性是非常小的。我们知道，史书里边有"翁主"写作"公主"的，但是似乎没有看到过把"公主"称作"翁主"的情形。

老祖母窦太后

在刘彻由胶东王成为太子的地位变迁中，汉景帝的母亲，刘彻的祖母窦太后起了重要的作用。

直到汉武帝正式登基之后，这位老太太依然对朝政有特殊的影响。

应当说，汉武帝刘彻在成年之前，一直生活在这位尊贵的老妇人的宠爱、庇护、管教和限制之中。

在电视连续剧《汉武大帝》里，窦太皇太后去世后，刘彻感叹："这个老太太，真了不得！"卫子夫说道："那有什么可奇怪的，老太太一辈子都待在宫里，这宫里的一草一木、一砖一石，都透着她老人家的性情哪！您没看她殿内的那些虫儿，她一走当天就都死了。"刘彻接着说："有道理。所以老太太一辈子都信那四个字：'无为而治。'"

汉文帝的窦皇后，汉景帝时代的窦太后，汉武帝登基后的太皇太后窦氏，确实是一位"了不得"的女人。《汉武大帝》中归亚蕾的表演，体现出对这一人物心灵和性格的准确理解，把握比较到位。归亚蕾所塑造的形象，使得观众对少年汉武帝和他所生活的时代的认识，比较容易接近历史真实。

如果我们让这位作为艺术形象的窦太后卸了妆，洗去她脸上服务于演艺的脂粉铅华，这位老人的真实的历史面貌是怎样的呢？

司马迁用白描笔法为我们画出了窦太后的历史肖像。

窦太后是赵地清河观津人，出生地在今天河北衡水的东边。有人说，她的名字叫窦猗房。《史记·外戚世家》写道：吕太后时，窦姬入宫侍奉太后。太后有一次把宫女赐给各诸侯王，每个诸侯王赐五人，窦姬也在其中。因为家在清河郡，窦姬希望能够离家乡近一点，于是私下请求主管这件事的宦官：请您一定把我列在去赵国的名单里。没想到这位宦官忘了这件事，把窦姬安排到了代国。窦姬痛哭流涕，不愿意去，最终不能抗诏，被迫前往。然而到了代国，代王偏偏就特别喜爱这位窦姬。他们生了大女儿刘嫖，又生了两个儿子，就是后来的汉景帝刘启和梁孝王刘武。应当说，在《汉武大帝》里有不少表演的长公主刘嫖和刘启、刘武兄弟，从出生地来说，他们可以算是山西太原人。

代王刘恒因为长安发生诸吕之乱，被迎入未央宫登基，这就是汉文帝。因为代王后在没进长安的时候就去世了，汉文帝即位几个月后，窦姬的大儿子刘启在刘恒诸子中年龄最大，被立为太子，窦姬也就成了皇后。吕后老太太大概怎么也想不到，原先在身边伺候自己的宫女，后来竟然接替自己，成了长乐宫的主人。我们不清楚窦家女子在吕后身边工作了几年，但是从她后来的表现看，她从女强人吕后那儿，还真的学了不少东西。

窦皇后有一个弟弟窦少君，曾经被人掠卖为奴，先后转卖十多家，流落到宜阳（今河南宜阳）山中烧炭。一次山体滑坡灾害中，一百多个同伴都遇难，只有他一人幸存。这位窦少君后来到长安和姐姐相认，他的儿子被封为南皮侯。看来，窦猗房大概并不是出生在富贵之家。

窦猗房后来因病失明，是真实的。她的从兄弟的儿子窦婴在平"吴楚七国之乱"的时候因军功被封为魏其侯，也是真实的。司马迁还记载，窦太后喜欢黄帝、老子的"淡泊无为"的学说，在她的影响下，皇帝、太子和窦家的老少贵族们都不得不读《黄帝》《老子》，尊崇黄老之学。她为了维护黄老之学的尊贵地位，让辕固生去和野猪搏斗，可见这位老太太不仅偏执,也是够狠心的。幸亏汉景帝递给这位儒生一件兵器,才使得他免于一死。《汉武大帝》把这件事安在刘彻头上,是一种艺术移植的手法,是可以理解的。儒学学者赵绾、王臧被汉武帝看重,进入执政集团上层,然而最后被治罪,在政治高压下自杀,主要责任人也是窦太后。窦猗房晚年成为守旧集团的领袖,在汉王朝从"无为"到"有为"的历史转换过程中,是一种必然。

  窦猗房的丈夫汉文帝,是一个出了名的讲究节俭的皇帝。他下令薄葬,自己的陵墓霸陵因山为陵,不准启动大的工程,随葬品统统用陶器,不准用贵重的东西。但是据史书记载,后来发生过好几起在霸陵盗墓得到财宝的事情,于是有人说,霸陵其实不薄葬,汉文帝生前的表态,只是一种虚伪的宣传。后来历史学家才明白了,霸陵盗出珍宝,其实是窦太后在汉武帝建元六年去世后和自己的丈夫合葬霸陵园的缘故。她是一位很讲究享受的后宫主人,并且留下遗诏,把东宫所有的金钱财物都赐给了长公主刘嫖,可见对物质生活并不"淡泊"。这件事被记录在《史记》里。她去世后,汉武帝予以厚葬,是理所当然的。窦太后对最喜欢的小儿子梁孝王刘武,赏赐无数,刘武拥有的财富甚至超过国库。刘武去世时,库中黄金仍有40余万斤。梁孝王的权力生涯大概也是以厚葬终结。后来到了东汉末年,曹操军费紧张,曾经专门组织部队发掘梁孝王墓。据说曹操专门设置了指挥盗墓的官职"发丘中郎将"和"摸金校尉",千百年来传为笑谈。中国盗墓史上的这个著名的故事,说到底,也和窦太后这老太太有关。

汉武帝

十六岁的帝王

在太皇太后窦氏和王太后行使政治权威的日子里，少年汉武帝没有可能施展自己的政治抱负。事实上，汉武帝能够大胆地独立地发表见解，作出决策，制定政策，督促落实，都是在窦太后去世之后。

少年汉武帝"微行""驰射"的经历，对于他的性格养成以及后来的政治表现，有重要的意义。

等待汉武帝出场的舞台

电视剧《汉武大帝》中的一种重要的道具，是地图。汉武帝运筹帷幄，作出战略的决策，指挥战争的攻守，经常都有站在地图前面思考和策划的画面。地图，在当时叫作"舆地图"。

当时的人们站在地图前面，可以了解天下形势。电视剧《汉武大帝》中的地图，有些地名标示不是很准确，甚至出现了"广州"。而当时并没有"广州"地方行政区划设置。其实，汉代人们的测绘能力，已经达到相当高的水准。长沙马王堆汉墓出土帛书地图两种，年代都在汉武帝时代以前。地图的精确程度，已经表现出只有十几户居民的聚居点"里"。

刘彻当时面对的全国的"舆地图"，展示着一种怎样的形势呢？

在汉景帝统治的晚期，汉王朝管理的地方，大致没有超出秦帝国的疆域，东至海滨，北抵长城，西边据有今天宁夏、陇东、成都平原，南边的影响到达今天的广东，总面积大约只有310多万平方公里。不过，由于闽越国、南越国的存在，以及25个诸侯国具有合法的独立性和一定的政治经济实力,晚年汉景帝能够直接控制的地方,只有相当于现今陕西、甘肃东部、四川东部、重庆、河南大部、湖北大部、山西大部、湖南西部、河北北部、辽宁中部和西部、浙江大部以及江苏的一部分、安徽的一部分和山东的一部分。这片土地的面积,大约只有204万平方公里。也就是说,当时汉景帝能够实际控制的地区,大致只有今天中华人民共和国国土的20%稍多一些。

这就是等待汉武帝出场的舞台。

当时,在汉王朝管辖地区生活的人口有多少呢?

据梁启超《中国史上人口之统计》估计,不包括南越国和东越国,汉初人口不过600万左右。这一数字,看来是不大准确的。

根据葛剑雄等学者的分析,包括各诸侯国的人口在内,西汉王朝初年的总人口在1800万左右。如果按照许多学者赞同的这一时期人口年均增长率为8‰左右的数据估算,则汉武帝即位前后,人口总数应当在3045万以上。如果按照有的学者估计的人口年均增长率为10‰左右计算,那么,当时的人口可以达到3741万。有的学者推算,在汉武帝即位6年之后的元光元年(前134),全国人口大约为3700万。(王育民编著《中国人口史》)

我们对汉武帝时代的历史文化进行分析,不能离开人口数字这一基本国情。当时的国土资源,还没有承受过度的人口压力。农耕业的发展,还有相当宽广的空间。

汉武帝面对的中国,还有和今天的中国大不相同的地方。这就是生态环境。

当时的黄河流域,因为农耕开发有限,对原始森林的破坏并不十分严重，植被条件比现今优越，水资源条件也比较好。以关中地区为例，长安附近就有密集的湖泽。当时的气候，比现今要温暖湿润一些，年平均气温大概要比现在高 2℃ 左右。生态环境的变迁，可以对经济生活产生重要的影响。在汉武帝时代，稻米曾经是黄河流域的主要农产。东方朔说到关中地方的富足，"物产又有粳稻、梨栗、桑麻、竹箭之饶"。稻米生产列为经济收益第一宗。西汉总结关中地区农耕经验的《氾胜之书》曾经详尽记述了稻作技术。董仲舒上书建议在关中推广冬小麦。《汉书·武帝纪》记载，元狩三年（前120）曾经派遣官员到遭遇水灾的地区落实冬小麦的种植面积。以行政力量大规模推广冬小麦种植，很可能与气候寒温的变化有关。

当时长江流域和珠江流域的开发，比黄河流域还要落后得多。

文景的遗产

汉景帝后元三年（前140）正月甲子这一天，刘启在长安未央宫去世，年48岁。太子刘彻即皇帝位。

这一年，刘彻16岁。

这位16岁的少年皇帝，继承了怎样的政治遗产呢？

回顾西汉初年的历史，政治形势依然复杂，经济条件异常落后，外族威胁空前严重。刘邦和他的功臣集团排除诸多困难，努力使西汉政权得以稳定。刘邦去世后，西汉王朝经历了吕后专政的时代，随后进入汉文帝刘恒和汉景帝刘启当政的文景时期。

文景两代39年间，政局大体稳定，经济得以恢复，文化有所进步。千百年来，人们始终将这一时期看作安定繁荣的盛世的典型，史称"文景之治"。从社会经济文化进步的总历程看，文景时代的成就，使秦以来的历史由急峻渐而宽和，由阴暗转向光明。应当说，汉文帝汉景帝父子两代所实现的"文景之治"的成功，是中国帝制时代比较辉煌的记录。而汉文帝统治的23年，是"文景之治"的关键时期。汉文帝和他的谋臣们不仅在这一时期使国家管理走上了正轨，也为后来的汉景帝时代的政制和政风规定了基本格局。汉文帝本人的政治品格，也为他的继承人汉景帝树立了榜样。

《史记·孝景本纪》司马贞《索隐述赞》在评述汉景帝初年的历史时说："景帝即位，因修静默。勉人于农，率下以德。制度斯创，礼法可则。"肯定了汉景帝在这一时期的政治举措表现出"静默"的风格。当时政府劝勉民众努力农耕，统治集团上层又注意以自我行为的约束树立较好的道德规范，一些有利于社会发展的制度建立起来，对后世形成了规范性的影响。

黄老之学主张"无为无不为"，就是在政治上少有急切的举措，避免苛烦扰民，否定过激的政策，否定冒进的倾向，使社会生活在自然的状况下得以安定。当时的许多政论家，都提倡这种政治风格，主张通过"无为"，实现"无不为"，通过"无治"，实现"无不治"。在行政实践中推行这一原则，就应当废除严酷的法律，减轻民众的负担。文景时代轻徭薄赋，削省刑罚，就体现了这样的政治思想。"无为"政治表面看起来有消极的色彩，它的实质，却透露出一种科学的客观主义精神。

政治斗争激烈复杂，充满你死我活的对抗、角逐和拼搏，整个政治生活的节奏也越来越急骤，积极进取的政治风格往往可以直接取胜，因而历来为人所称道。但是我们回顾历史时，还可以发现，在某种历史背景下，《老子》宣传的带有朴素的辩证法因素的"守柔曰强"的原则应用于政治生活中，有时也可以表现出神奇的力量。汉初的历史现象就是例证之一。

说汉景帝是一位"静默"的帝王，是有一定根据的。许多学者都注意到，除了在《史记·孝文本纪》中可以看到汉景帝元年十月关于"为孝文皇帝立太宗之庙"的长篇诏书外，《史记·孝景本纪》中没有记录汉景帝任何言论和诏书。这和汉文帝的言行，形成了鲜明的对照。

这当然不是说，仅仅凭这一现象就可以断定汉景帝是一位沉默寡言的帝王。但是司马迁的记述，至少可以使我们知道，汉景帝大约不是一位终日喜欢作自我表演的喋喋不休的饶舌的君主。

虽然当时社会历史发展的基调是"静默"和"无为"，汉景帝时代实际上也经历过严重的政治动乱。汉景帝三年（前154），爆发了"吴楚七国之乱"。中央政府依恃多年的经济积累和稳固的政治基础，终于平定叛乱，实现了新的安定。汉景帝于是下决心强化中央集权，使"大一统"政治得以进一步巩固，并且为经济生活在更高层次上的进步创造了条件。这就是司马迁在《史记·太史公自序》中所说的"诸侯骄恣，吴首为乱，京师行诛，七国伏辜，天下翕然，大安殷富"的过程。对于汉景帝时代的政治史，少年刘彻或者亲闻，或者亲历，应当是有切身感受的。

"大安殷富"的说法，比较真切地反映了当时天下的形势。

《史记·酷吏列传》里还可以看到儒生狄山对汉景帝后期形势的评论："吴楚已破,竟景帝不言兵,天下富实。"说平定"吴楚七国之乱"后,直到汉景帝逝世,没有大的战争,以致天下富足殷实。

宋代历史学家司马光在《资治通鉴》中叙述到汉武帝登基这段历史时,引录了班固在《汉书·景帝纪》篇末的一段赞语:"周秦之敝,罔密文峻,而奸轨不胜。汉兴,扫除烦苛,与民休息。至于孝文,加之以恭俭,孝景遵业,五六十载之间,至于移风易俗,黎民醇厚。周云成康,汉言文景,美矣!"他说,战国秦以来,政治败敝,社会不能安定。汉王朝建立之后,改良行政,减轻了民众的负担。汉文帝又特别恭俭,汉景帝继承了这一政治风格,五六十年之间,社会文化面貌有所改善,社会道德水准得以提升。人们评价周代历史,称颂"成康"之世,评价汉代历史,赞美"文景"之治,都是因为这一阶段政治最为完善的缘故。

司马光在记录汉武帝登基的历史过程之后就引了这段话,用意显然是向读者介绍这位年轻的帝王接过了怎样一个天下。

文景留给汉武帝的遗产,表现在经济方面,是"大安殷富""天下富实"的国家。荀悦《汉纪》在关于汉文帝二年史事的记述中,引录了晁错这样的话:现今农夫五口之家,其直接劳作者不过二人,其能够耕作的田地不过百亩,百亩农田收益的谷物,不过三百石。吴慧《中国历代粮食亩产研究》根据这段话推断:当时农业生产的水平,粮食亩产折合今天的计量标准,达到每亩收获小米二百八十一市斤。

司马光在引录班固对"文景"成就的赞叹之后,又用司马迁在《史记·平准书》中的一段评论，介绍了汉武帝即位之初的经济形势："汉兴七十余年之间，国家无事，非遇水旱之灾，民则人给家足，都鄙廪庾皆满，而府库余货财。京师之钱累巨万，贯朽而不可校。太仓之粟陈陈相因，充溢露积于外，至腐败不可食。众庶街巷有马，阡陌之间成群，而乘字牝者傧而不得聚会。"司马迁说，从汉初经历文景时代至于汉武帝即位之初七十多年间，国家没有经历严重的政治动乱，也没有遭遇严重的水旱灾荒，于是民间人给家足，城乡的大小粮仓也都得以充实，而朝廷的财政也历年有所盈余。京师的钱财累积至于千百万，以致钱贯朽坏，无法清校数量。国家粮仓太仓的存粮一年年累积，新粮堆放在陈粮上面，第二年也成了陈粮，又被新粮覆压。至于满溢而堆积于露天，致使腐败不可食用。民间大小民户都风行养马，阡陌之间驰游成群。人们竞相逞示富有，骑乘母马的人，甚至没有资格参与乡间聚会。

窦婴和田蚡

萧何为刘邦修筑的未央宫，就这样迎来了一代新主。

这位少年帝王最初坐在皇帝的宝座上，面对俯伏的群臣们"万岁"的欢呼，心里在想些什么？

他需要执政的帮手。他需要熟悉军政程式的大臣辅佐自己。

当他扫视殿下诸臣的时候，目光最后落在了谁的身上呢？

刘彻刚刚即位，就尊祖母窦太后为太皇太后，母亲王皇后为皇太后。一个多月之后，封皇太后同母弟田蚡为武安侯，田胜为周阳侯。不久，又任命魏其侯窦婴为丞相，武安侯田蚡为太尉。

太皇太后和皇太后的亲属都受到重用,一位担任最高行政长官,一位担任最高军事长官。

窦婴和田蚡的任命,很可能是窦太后和王太后的主意,也可能是汉武帝综合平衡两位女性家族长的利益而作出的决定。但是也有汉武帝个人的倾向在起作用,因为我们看到,窦婴和田蚡都是热心儒学的贵族。

两个外戚家族的代表并列于执政集团的最高层,合作管理朝政,这在历史上是不多见的现象。

窦婴是窦太后从兄的儿子,汉文帝时,曾经做过吴相,后来因病免职。汉景帝即位之后,任管理皇后和太子家事务的詹事。

汉景帝的弟弟梁孝王刘武,深受窦太后宠爱。一次,梁孝王来朝,兄弟宴饮。当时汉景帝还没有立太子,酒酣耳热,从容说道:千秋之后,皇位就传给梁王了。窦太后听了十分高兴。窦婴则持酒进上,说:天下者,是高祖的天下。父子相传,这是大汉的规矩,陛下怎么能擅自传皇位于梁王呢!

窦太后因此对窦婴不满,甚至除其门籍,不许他入朝请安。

"吴楚七国之乱"爆发后,汉景帝任用窦婴为大将军,率军守荥阳,监视齐国和赵国叛军的动向。叛乱平定后,因军功封其为魏其侯。当时朝中地位最为显赫的,除了条侯周亚夫,就是魏其侯窦婴。

建元二年(前139),窦婴和田蚡受到赵绾、王臧的牵连被免职。建元六年(前135),太皇太后窦老太太去世后,田蚡再次登上相位。田蚡骄横奢侈,大兴土木,经营宅地,占有民间良田作为自己的庄园,又利用职权接受四方贿赂。他的家里,金玉、妇女、狗马、声乐、玩好,不可胜数。

田蚡进宫奏事，经常和皇帝相谈很久，所提出的建议大多被采纳。于是田蚡气骄志满，各郡国趋炎附势之徒们也都争着奉承逢迎。他推荐的人，有的甚至可以从平民直接被任命为二千石级别的高级官僚。

由于皇帝的用人权力受到侵犯，汉武帝终于表露出内心的不满。有一次，汉武帝说道：你荐举的官吏说完了吗？我也有要任用的官吏呢。田蚡又请求占用官营手工业管理部门少府考工室的地方，以扩建宅第，汉武帝愤怒地说：你为什么不索性占用武库之地呢！

当初窦婴任大将军的时候，田蚡还只是一名普通的郎官。他侍奉窦婴十分恭敬，跪侍和立侍都按照规矩，如同晚辈一般。后来因为王太后的关系，田蚡地位日益上升，往常追随窦婴的人逐渐聚集到田蚡门下，只有平定"吴楚七国之乱"时以勇力闻名的将军灌夫依然和窦婴保持着密切的关系。

灌夫性情刚直，不愿意当面谀美权贵，行为风格表现出侠风，一诺千金。他的宗族宾客却横行乡里，当时颍川地方流行着这样的民歌：颍水清，灌氏宁；颍水浊，灌氏族。

田蚡托一个叫籍福的人向窦婴索要长安城南一块良田。窦婴不高兴地说：虽然老仆不中用了，将军贵极一时，难道就可以仗势抢夺吗？灌夫也痛骂籍福。这招致田蚡的怨恨。

田蚡娶亲，太后诏令列侯宗室贵族都前往祝贺。灌夫在酒席上不满众人讨好田蚡而冷落窦婴，借酒骂座，被田蚡扣押。在朝廷就灌夫是否有罪进行的辩论中，窦婴极力维护灌夫，不能定案。太后愤怒绝食，说：现在我还在世，人家就这样欺负我弟弟，等我百年之后，还不得把他们都当成鱼肉吃了！汉武帝说：都是宗室外家，所以才在廷前辩论；否则，派一名狱吏就可以裁决了。

后来查验窦婴为灌夫辩护的话，有和事实不符合的地方，于是窦婴也被捕入狱。窦婴曾经接受汉景帝遗诏，上面写着："事有不便，以便宜论上。"赋予了窦婴紧急处置非常事件时可以自行决断的权力。但是遗诏只收存在窦婴家，皇家档案中没有找到存档文件。于是窦婴以"矫先帝诏"的罪名，论定罪当"弃市"。灌夫及其家属于十月被处死。窦婴也于十二月的最后一天在咸阳故城被处以"弃市"之刑。没过多少天，田蚡大病，不断地高呼谢罪。这可能是一种精神错乱的病症。据自称能够看到鬼魂的巫者说，窦婴和灌夫站在田蚡身边，要杀田蚡报仇。次年春三月乙卯日，田蚡死去。

淮南王刘安来朝时，田蚡曾经到霸上迎接。他对刘安说：皇帝没有太子，大王最贤，又有高祖孙的身份，如果皇帝去世，继任的除了大王还能有谁呢？淮南王大喜，送给田蚡许多金玉财物。淮南王刘安谋反被治罪后，汉武帝知道了这一情节，他说：如果田蚡还在，也要灭族的。

汉武帝在窦婴和田蚡的争斗中其实并不偏向田蚡，最后的裁决对田蚡有利，只是因为王太后的缘故。

唐代诗人虞世南《门有车马客》诗就"田蚡擅豪华"情形，有所感叹："曲台临上路，高轩抵狭斜。赭汗千金马，绣轴五香车。白鹤随飞盖，朱鹭入鸣笳。夏莲开剑水，春桃发绶花。高谈辩飞兔，摛藻握灵蛇。逢恩出毛羽，失路委泥沙。""千金马""五香车"等句，形容竞奢侈、"擅豪华"的行为，后面几句"出毛羽""委泥沙"，则说他大权在握，可以随心所欲地打击异己,拔擢亲信。

司马迁在《史记》中对田蚡多有批评,如宋代学者洪迈《容斋五笔》所说,"于田蚡则诋其负贵骄溢,以肺腑为相,杀窦婴、灌夫"。然而洪迈认为,田蚡对于汉武帝时代抬举儒学,是有功的:"自秦始皇焚书坑儒,六学散缺,高帝初兴,未遑庠序之事,孝惠、高后时,公卿皆武力功臣,孝文好刑名,孝景不任儒。至于武帝,田蚡为丞相,黜黄老、刑名百家之言,延文学儒者以百数。"说秦始皇实行文化专制主义政策之后,文化教育遭受毁灭性的摧残,汉高祖刘邦初定天下,还来不及全面恢复文化建设,汉惠帝和吕后执政时,当权的都是军功武臣,汉文帝用刑名之学,汉景帝不喜欢儒学。直到汉武帝即位,田蚡当了丞相,开始压抑黄老之学和法家之学等各派学说,请来数以百计的儒学学者参与行政。洪迈肯定了田蚡在文化史进程中的表现,认为他在儒学地位逐渐上升的文化体制转型过程中,曾经发挥过积极的作用。

以窦婴和田蚡为首的两个外戚集团,在两个多月相继被瓦解。不过,在窦婴和田蚡去世的第二年,汉武帝就将陈皇后贬黜长门宫,卫子夫的地位明显上升。第三年,卫子夫之弟卫青被任命为车骑将军,独当一面出击匈奴,军功和威望日益显著。

一个新的外戚集团又出现了。

汉武出猎

在太皇太后窦氏和王太后行使政治权威的日子里,少年汉武帝没有可能施展自己的政治抱负。

汉武帝18岁这年,开始了"微行"的游戏。

我们在秦始皇的事迹中,可以看到有关"微行"的情节。卢生对秦始皇说:臣等寻求芝奇药仙者,辛苦多日,仍然无法得到,一定有什么原因有所妨害。据说君主应当经常"微行",以有意避开恶鬼,恶鬼避开了,真人才能来到。现今陛下治理天下,行为过于张扬,应当低调一些。希望不要让别人知道陛下所居住的宫室。只有这样,才可能得到不死之药呢。秦始皇于是下令:咸阳旁边二百里之内的二百七十座宫观,统统用凌空通行的复道和两旁筑有墙壁的甬道连通起来。每座宫观里面,都分别设置帷帐、钟鼓等服务设施和美人、侍从等服务人员,不再随皇帝改变住处而反复移动。皇帝行幸所到之处,有私自泄露于他人的,一律处以死刑。秦始皇后来果然有"微行"的尝试。秦始皇三十一年(前216),他在咸阳附近的一次"微行",却遭遇了意外。我们在《史记·秦始皇本纪》里看到了这样的记载:"三十一年,……始皇为微行咸阳,与武士四人俱,夜出逢盗兰池,见窘,武士击杀盗,关中大索二十日。"说秦始皇在咸阳附近地方"微行",随行有四名武士。他们夜间在兰池宫附近意外地遇到强盗拦截袭击,当时情景十分危急。后来武士终于击杀强盗,使秦始皇脱险。事后秦始皇命令在关中戒严整整二十天,严密搜索追捕相关的危险分子。

那么,到底什么是"微行"呢?

按照唐代学者在解释《史记·秦始皇本纪》中秦始皇兰池遇盗经历"微行"两个字的含义时,所引用的三国时魏国学者张晏的话,就是:"若卑微之所为,故曰'微行'也。"就是说,尊贵的人仿照卑微的人的出行方式,这种行为,就叫作"微行"。《汉书·成帝纪》的注解中又引用了张晏这样的说法："于后门出，从期门郎及私奴客十余人。白衣组帻，单骑出入市里，不复警跸，若微贱之所为，故曰'微行'。"说尊贵者故意从后门出宫，只带领少数随从，穿平民的服装，没有富丽华贵的车骑队列随从，又不采取清道戒严的形式，这种和身份微贱的人相同的出行方式，就叫作"微行"。

通常称帝王或有权势的人隐匿身份，易服出行或私访为"微行"。然而汉武帝的"微行"不仅仅是一般的出行。他的行迹北到池阳县，西至黄山宫，南猎长杨宫，东游宜春观。他经常在夜间出发，自称平阳侯，黎明的时候已经到达南山之麓，射杀野生的鹿、豕、狐、兔，往来随意纵驰，践踏百姓的农田，惹得民众愤恨，呼喊叫骂。鄠县和杜县的地方行政长官要拘捕他们，随从出示了皇家的用物，方才得以宽免。

汉武帝曾经夜行柏谷，投宿到一户民家。问主人：有什么喝的吗？主人回答：这儿没什么喝的，只有尿！

主人疑心他们是一伙盗贼，召集邻近少年准备以武力攻杀。女主人看到汉武帝相貌不一般，劝阻丈夫说：看这客人，不是平常人。而且他们是有防备的，不要轻举妄动。丈夫不听，她只得用酒灌醉了丈夫，把他捆绑起来，解散了约集的少年，又杀鸡做饭招待汉武帝一行。

第二天，汉武帝回宫后，召见女主人，赐金千斤，并拜她的丈夫作羽林郎。

为了游猎方便，汉武帝在适当的地方设置了12处休息更衣之处。他有时还投宿长杨宫、五柞宫。长杨宫址，在今天陕西周至境内。因为道远劳苦，又有农田，往来妨害农事，致使民间怨愤，汉武帝让大臣筹划将秦阿房宫遗址以南、鳌屋以东、宜春以西的大片良田归入上林苑，成为皇家园林的一部分，向南直抵南山。这样一来，鄠、杜两个县原有的农耕积累都将被扫荡一空，居民只能搬到邻近的各县重新开垦荒地。

东方朔进谏说：这一地方，是"天下陆海之地"，当年秦国所以能够称霸天下，兼并六国，就是以这样的地方作为基本根据地的。这里的良田，号称"土膏"，每亩的地价高达一金。如果规划入皇家禁苑，国家得不到农业税收，农民也失去了养家的基本。为了扩大园林，毁坏老百姓的墓地和住宅，使万民悲痛，实在是很不合适的。而在这样辽阔的土地上骑着快马，驾着飞车，纵横往来，一旦发生意外，后果也难以设想。东方朔列举历史上殷纣王、楚灵王、秦二世等昏暴的帝王曾经为了自己的享乐不顾百姓的危难，致使国家颠覆的教训，警告汉武帝。汉武帝并没有因为东方朔提出反对意见而震怒。他提升了东方朔的官职，赏赐他黄金百斤，但是却并不采纳他的意见，依旧按照原计划扩大了上林苑的规模。

唐代诗人钱起有《汉武出猎》诗，说到了汉武帝微行游猎的故事：

汉家无事乐时邕，羽猎年年出九重。
玉帛不朝金阙路，旌旗长绕彩霞峰。
且贪原兽轻黄屋，宁畏渔人犯白龙。
薄暮方归长乐观，垂杨几处绿烟浓。

"渔人犯白龙"，是说尊贵者处在卑微状况则不免危险的情形。

《说苑·正谏》说,吴王要同平民一同饮酒,伍子胥劝谏说,这是不可以的。过去白龙下清泠之渊,化为鱼。渔者豫且射中了它的眼睛。白龙上诉天帝。天帝问道:当时你是怎样的情形呢?白龙回答:我下清泠之渊,化为鱼。天帝说:鱼,固人之所射也。如果是这样,豫且又有什么罪过呢?"黄屋",是指帝王居处的宫室,在这里有可能也暗含陈皇后阿娇故事中"金屋"的意思。

汉武帝行猎,真的如同后来有些人批评的,只具有游乐的性质吗?

也许他在政治形势尚不适宜施展个人主张的情况下,采取了这样一种韬晦的策略;也许他想通过这种富有挑战性和刺激性的运动,释放自己充溢于胸的豪壮之情;也许他是要借取这样的类似军事演习的游戏,体验即将来临的战争生活。

汉武帝喜好亲手击杀熊和野猪,驰逐野兽。司马相如曾经上疏劝阻说,今陛下喜欢亲临险阻,射杀猛兽,如果一旦遭遇意外,纵然勇力超群,也难以施展。在这样的情况下,"枯木朽株,尽为难矣"。野地里一棵枯朽的树木,都可以导致意外的发生。汉武帝对司马相如提的意见表示赞同,但是我们不知道他是不是真的终止了游猎的爱好。不管怎么说,驰射的锻炼是一种富有刺激性诱惑的苦行经历,这种实践对于正处于青春期的汉武帝的意志磨砺、精神锤炼和性格养成,一定起到了重要的作用。

尊儒:建元初年的权力试探

汉武帝即位之后的第9个月,就颁布了要求臣下荐举贤良方正直言极谏之士的著名诏书，并亲自策问古今管理国家成功的原则。汉武帝诚恳地表示，他希望知道"大道之要，至论之极"，对于"精心致思"的学者们的指教和启示，愿意"垂听而问"。"贤良方正"，是汉代选拔官吏的科目之一，中选者授予官职。从这一名目看，选拔的条件，侧重于道德要求。

儒学著名学者董仲舒在对策中说，秦王朝灭亡以后，其流毒至今未灭，只单凭"法"和"令"而求得国家治理的成功，是不可能的事。要谋求行政的成功，需要重视文化建设。他写道：琴瑟的音色不正，声调不和谐，就应当重新装置调整琴弦，予以"更张"，才能够保证演奏的成功。政令推行不顺利，政治形势不理想，也应当重新制定调整法令政策，予以"更化"，才能够保证行政的成功。应"更张"而不"更张"，即使有"良工"也不能成功地演奏乐曲；应"更化"而不"更化"，即使有"大贤"也不能成功地管理国家。他这里所说的"更张""更化"，暗中包含有改革的意义。

董仲舒指出，汉得天下以来，常常谋求"善治"而至今不可"善治"的原因，就是失之于应当"更化"而不"更化"。他强调，要想实现"善治"，就必须在应当"更化"的时候坚定果决地"更化"。他提出"更化"的主张时，特别强调"教化"的作用。他以为要谋求"善治"，一定要注重文化体制的调整。他说，"教化大行"，则可以实现"天下和洽，万民皆安仁乐谊，各得其宜，动作应礼，从容中道"的境界。这是儒学政治学说提出的理想境界。

从表面上看，董仲舒曾经提出"王者有改制之名，亡变道之实"，"道之大原出于天，天不变，道亦不变"等，似乎是全面否定变革的。然而,他一方面认为作为政治基本原则的"道",绝对不可以"变"。但是,另一方面,他又肯定了"改制"的合理性,甚至还说:"继治世者其道同,继乱世者其道变。"也就是说,在某些历史条件下,"其道变",也是正常的、合理的。

董仲舒文化体制改革理论的核心,是要确定儒学在百家之学中至高无上的地位。他提出:"《春秋》大一统者,天地之常经,古今之通谊也。"主张"大一统",应当成为政治文化的定式。他感叹道,现今"师异道,人异论,百家殊方,指意不同",各派学者各持己见,不能一致,于是当政者无法"持一统",以致法制频繁变更,臣民不知所守。他提出,应当禁绝与孔子之术相异的学术,然后统纪可一而法度可明,使得民知所从。在他看来,文化的"一统"和政治的"一统"是一致的。而前者,又可以为后者奠定深入人心的统治的根基。

董仲舒的意见得到汉武帝的赞许,被任命为江都相。

当时以"贤良"身份进入上层政治生活的读书人,来自不同的学派,甚至有遵循当时不受重视的法家和纵横家之学的。丞相卫绾上奏说:"所举贤良,或治申、韩、苏、张之言乱国政者,请皆罢。"指出"贤良"之中有研究申不害、韩非学说的,有研究苏秦、张仪策略的,应当统统取缔。这一建议得到汉武帝的认可。

汉武帝即位初,随着窦婴和田蚡这两位倾向儒学的贵戚担任丞相和太尉,倾向儒学的赵绾被任命为御史大夫,王臧被任命为郎中令,儒学的势力在朝廷中显著上升。赵绾还把他的老师申公介绍到朝廷来。汉武帝亲自会见申公,请教治乱之事。当时已经 80 多岁的申公回答道：要天下实现安定，"不至多言"。也就是不要多说话，强调只要力行实践就可以了。当时，汉武帝正欲有为，又喜好文词，听到申公"不至多言"的意见，没有作声。他任命申公作太中大夫，参与讨论设明堂以及巡狩、改历、服色等事。

太皇太后窦氏本来就专好黄老之学，不喜欢儒术。赵绾又建议皇帝行政不必向东宫请示。窦太后于是大怒，派人私下调查赵绾和王臧违反法令的行为，转告汉武帝，要求惩处。汉武帝不得不将赵绾和王臧拘押查办，丞相窦婴和太尉田蚡也都受到牵连被免职。

赵绾和王臧在狱中自杀，申公因病申请免职回乡。

少年汉武帝通过改变文化方向而进行的这一次权力试探，遭到了严重的挫败。

《汉书·百官公卿表下》记载了西汉高级官僚任命的大体状况。我们分析每位帝王即位后最初三年内高层人事的变动，可以看到如下的情形：

汉高祖	6 项
汉惠帝	4 项
吕　后	5 项
汉文帝	14 项
汉景帝	18 项
汉武帝	23 项
汉昭帝	8 项
汉宣帝	14 项

汉元帝	20 项
汉成帝	21 项
汉哀帝	52 项
汉平帝	31 项

西汉末年哀平时代，政治昏乱，朝纲不振，是政治史上特殊的历史阶段，可以看作特例。除去这一阶段，那么，即位初就进行较重要人事变动的密度，汉武帝是最高的。如果对汉高祖以来西汉前期诸帝的历史进行比较，可以发现汉武帝执政初年的政治形势是相当复杂的。

宋代学者胡寅《论西汉女主之祸》说道："汉母后豫政临朝，不必少主，虽长君亦然。窦太后好黄老，恶儒士，儒士多不得进。赵绾、王臧欲助上兴制度，则发其奸利寝之。窦婴，兄子也，恶之，则除门籍；喜之，则为相。"西汉时期女主专权，不仅是在天子年幼的时候，天子成年之后也是同样。窦太后喜好黄老之学，讨厌儒生，儒生于是大多难以进入上层集团。赵绾和王臧想帮助汉武帝创立新的制度，窦太后竟然调查举报他们的违法行为，阻碍这种变革。窦婴，是自己兄长的儿子，而这位霸道的太后讨厌他的时候就除去他的门籍，喜欢他的时候就任用为相。

事实上，汉武帝能够大胆地独立地发表见解，作出决策，制定政策，督促落实，都是在窦太后去世之后。

蒲轮征贤

武帝的文治

> 世宗光光,文武是攘。威震百蛮,恢拓土疆。简定律历,辨修旧章。封天禅土,功越百王。
>
> ——曹植:《汉武帝赞》

罢黜百家,表章《六经》

我们现在看到的汉武帝的画像,眉间似乎外溢出一种英武之气。然而,我们从他的目光中除了感受到一种刚毅果敢之外,还可以体会到一种文思的智慧。

汉武帝虽然得到"武"的谥号,但是他的历史贡献除了武功之外,也包括文治的成就。

特别有意思的是,《汉书》的作者班固在《武帝纪》一篇最后的赞语中,只肯定了汉武帝的文治,对他的武功甚至只字不提。他写道:

> 赞曰:汉承百王之弊,高祖拨乱反正,文景务在养民,至于稽古礼文之事,犹多阙焉。孝武初立,卓然罢黜百家,表章《六经》。遂畴咨海内,举其俊茂,与之立功。兴太学,修郊祀,改正朔,定历数,协音律,作诗乐,建封禅,礼百神,绍周后,号令文章,焕焉可述。后嗣得遵洪业,而有三代之风。如武帝之雄材大略,不改文景之恭俭以济斯民,虽《诗》《书》所称何有加焉!

班固说,西汉王朝承接前世落后残破的历史遗存,汉高祖刘邦拨乱反正，汉文帝和汉景帝推行与民休息的政策，主要致力于社会经济的恢复，顾不上文化建设。汉武帝刚刚即位，就罢黜诸子百家杂说，提高儒学经典《易》《诗》《书》《春秋》《礼》《乐》的文化地位。于是聚集海内人才，举用俊杰之士，和他们一同建立大功业。兴办太学，改定正朔，修正历法，调和音律，创作诗乐，设立封禅，礼拜百神，使先王的文化绪统有以承继，所颁布的法令通告，焕然而多有文采。后世子孙遵行这一方向，于是有三代之风。像汉武帝这样的雄才大略，如果不背弃汉文帝、汉景帝谦恭简朴的作风，一心为老百姓谋利益，那么，以《诗》《书》中的赞词和颂歌来表彰他，一点儿也不过分啊！

班固称赞汉武帝的"雄才大略"，但是批评他没有继承"文景之恭俭"。对于他的武功，除了"举其俊茂，与之立功"的"立功"二字可以理解为一种暗示以外，不著一字，这似乎也是一种批评吧。

受到班固高度赞赏的，是汉武帝在文化建设方面的功绩。

我们回顾历史可以看到，正是在汉武帝时代，随着中国以大一统为基本形式的高度集权的专制主义政治体制得以定型，以汉民族为主体的文化共同体也得以基本形成。作为重要的历史标志，以儒学作为思想定式的制度也开始出现。

宋代学者洪迈《容斋五笔》写道，史家往往批评汉武帝"好大喜功，穷奢极侈，置生民于涂炭"，然而他"实有大功于名教"。也就是说，对以儒学为总方向的教化，因汉武帝的努力得以有显著的推进。自秦始皇焚书坑儒，汉初依然压抑儒学，"帝详延天下方闻之士，咸登诸朝，令礼官劝学，讲议洽闻，举遗兴礼，以为天下先。而公孙弘以治《春秋》为丞相，天下学士靡然乡风。弘为学官，悼道之郁滞，始请为博士官置弟子，郡国有秀才异等，辄以名闻。请著为令。而《诗》《书》《易》《礼》之学，彬彬并兴，使唐、虞三代以来稽古礼文之士，得以不废。今之所以识圣人至道之要者，实本于此。史称其'罢黜百家，表章《六经》，号令文章，焕焉可述'，盖已不能尽其美"。洪迈说，汉武帝请有见识的儒学之士参与高层政治决策，又创立新的学制，奖励学术，使得儒学获得延续、改良和发展、普及的良好条件。现今人们知道儒学的基本道理，正是由于汉武帝当时的文化举措。史书称赞他"号令文章，焕焉可述"，其实并没有能够充分表彰他的文化功绩。

汉武帝时代影响最为久远的文化政策，就是确定了儒学在百家之学中的主导地位。

汉武帝时代，贬斥黄老刑名等百家之言，大量起用文学儒者，实现了所谓"罢黜百家，表章《六经》"的历史性转变，儒学之士于是在文化史的舞台上逐渐成为主角。与"罢黜百家，表章《六经》"近似的表述文字，是《汉书·董仲舒传》所谓"推明孔氏，抑黜百家"。

值得注意的是，这一变化是和以"汉"为标号的民族文化共同体的基本形成大体同步的。现在总结汉武帝时代思想文化的格局，有人经常使用"独尊儒术"的说法。其实，无论是董仲舒还是汉武帝，或者当时任何一位思想界人士，都没有说过"独尊儒术"这样的话。记述西汉历史的文献中，也看不到"独尊儒术"这样的文字。"独尊儒术"这种表述方式，出现得相当晚，并不能准确地反映当时的历史真实。

当时最高执政集团的统治方略，应该说符合汉宣帝所说的"霸王道杂之"，也就是儒学原则和法家等学说的巧妙结合。即使对汉武帝决策多所咨议的儒学大师董仲舒，终生也未能真正显达。

公孙弘走上政坛

汉代选拔官吏的科目，有所谓"贤良文学"，又简称"贤良"或"文学"。西汉后期，儒生往往因此取得参政的条件。在各地响应汉武帝诏令所推举的"贤良文学"之士中，有一位六十岁的老叟。他就是来自菑川国（行政中心在今山东昌乐西）的公孙弘。公孙弘家中贫穷，曾经在海滨放猪，四十多岁时才开始学习《春秋》等儒学论著。

公孙弘被任为博士，又曾经受命出使匈奴。从匈奴回归后向朝廷汇报，奏事不合天子之意，以为没有完成使命。公孙弘于是称病，又回到家乡。

元光五年（前130），公孙弘再次被推举为贤良文学。他执意辞谢，说：我已经被推举一次，西行至长安，能力不足，未能称职，所以才回来了。还是推举别的先生吧。不过，国人仍然坚持推举他。

汉武帝策诏群儒，请教天命废兴的道理。公孙弘对策，回答了治民之本，强调"礼义""赏罚"的应用。当时对策一百多人，太常将公孙弘的对策列在下等，汉武帝阅读之后，将其提升为第一。又亲自召见公孙弘，看到他容貌端正庄严，于是拜为博士，待诏金马门。也就是列入了候选官吏的名单，等候录用。

汉武帝时代为了打通西南夷道路，使得巴蜀地方承受了沉重的负担。公孙弘受命到巴蜀视察。他在回到长安之后的汇报中，极力强调控制西南夷对于西汉帝国没有什么意义，主张放弃经营西南夷的努力。这一建议没有被汉武帝采纳。看来，公孙弘是一位倾向保守的大臣。他虽然许多意见和汉武帝不同，但是在朝廷议事的时候，总是把各种背景条件一一陈明，让皇帝自己作出抉择，从来不和皇帝当面争辩。汉武帝欣赏他仁厚慎重的性格，又因为他熟悉儒学经典，在处理行政事务方面也有一定的才能，于是信用有加，一年之内，官职就迁升到左内史。数年之后，又升任御史大夫。元朔年间，接替蔡泽做了丞相。

在公孙弘之前，汉王朝都是在列侯中择定丞相人选。以非贵族身份担任丞相的，公孙弘是第一人。汉武帝于是下诏宣布封公孙弘为平津侯："以高成之平津乡户六百五十封丞相弘为平津侯。"因为任丞相而封侯，公孙弘也是第一人。后来这成为一项制度。封侯不仅奖励"武功"，也褒赏"文德"。这可以看作一个重要的信号，宣示着儒学地位开始上升。

齐地儒生公孙弘由一个在海边牧猪的老百姓，数年之内拜博士，又任左内史、御史大夫、丞相，封平津侯，操纵朝廷大政，可以说一步登天，正如宋人黄公度《送陈应求赴官》诗所说："……又不见公孙弘，菑川一老儒，逢辰立谈取卿相，至今文采照天衢。"这样的人生变化，是由于汉武帝的识拔，由于时代的机遇。班固于是在《汉书·公孙弘传》后感叹道："非遇其时，焉能致此位乎？"即如唐人周昙《平津侯》诗所谓"儒素逢时得自媒，忽从徒步列公台"。

我们应当注意到，在历史上，除了动荡的时代之外，只有进取的时代，才可能发生这样的现象。

《史记·儒林列传》记载，公孙弘以精通《春秋》之学升迁为天子信用的重臣，又封以平津侯，于是"天下之士靡然向风矣"，促进了全社会好学风气的形成。

公孙弘作为齐鲁儒生的代表，建议各地荐举热心学问、尊敬长上、政治形象完好、乡里关系和顺，又言行一致、表里如一的人，加以培养，充实政府机构，"以文学礼义为官"。这一建议得到了汉武帝的认可，于是从此之后，按照《汉书·儒林传》的说法，"则公卿大夫士吏彬彬多文学之士矣"。就是说，从这时起，朝廷上下的官吏阶层中，开始出现遵守礼法的读书人占多数的情形。

在公孙弘之后，齐鲁儒学之士纷纷西行，进入执政集团上层，使得汉王朝的政治构成发生了重要的历史性的变化。

《史记·仲尼弟子列传》中，一共列录了77名孔子的学生，其中齐鲁人有45人，占58.44%。《史记·儒林列传》中所列录的西汉前期著名儒生，仍然以齐鲁人为主。所见39人中，齐鲁人28人，占71.79%。然而，据《汉书·儒林传》的记载，综合考察西汉一代著名儒生的区域分布，情况则已经有所不同。我们看到，齐鲁人在西汉名儒中占45.60%。出身于齐鲁以外地区的儒学学者中，有远至蜀、淮南、九江、江东，甚至苍梧的。值得注意的是，其中三辅名儒占总数的5.18%，三河名儒占总数的5.70%。分析《后汉书·儒林列传》中提供的资料，可以看到当时著名的儒学学者，齐鲁人占36.36%。另外，值得注意的是，其中关中学者占6.82%，河南、河内、南阳学者占 7.95%，会稽、九江、豫章学者占 6.82%，巴蜀学者占 10.23%。齐鲁儒学学者比例的下降，并不是由于当地儒学的衰落，而是由于儒学得到普遍传布，各地出现的优秀儒学者增多。

公孙弘曾经和公卿重臣商议一同向汉武帝提出建议，但是到汉武帝面前，往往不顾原先的约定而顺从上意。汲黯曾经当庭质问他：人家说"齐人多诈而无情实"，你果然如此，起初和臣等商议向陛下建言，事到临头却背弃约定，是不忠之臣。汉武帝问公孙弘，公孙弘回答说：了解臣的内心的，都会说臣忠；不了解臣的内心的，可能会说臣不忠。

据说公孙弘为人生活俭朴，卧具使用布被，吃粗米饭，每餐只有一个肉菜。汲黯曾经在皇帝面前批评他，说公孙弘位在三公，俸禄甚多，然而只用布被，可见是伪君子。汉武帝问公孙弘，公孙弘说：确实如此。九卿之中，和臣关系最好的就是汲黯了，他今天当庭质问臣，正揭露到臣的短处。臣身为三公而用布被，确实是虚诈伪装，想要得到一个好名声。没有汲黯这样的忠臣，陛下哪能听到这样的批评呢？汉武帝认为公孙弘为人谦让，于是对他更为看重。

公孙弘个人生活简单，却花费大量钱财修建客馆，开东阁，以接待贤人宾客。对朋友和客人，他倾其所有予以周济，以致家中始终没有余财，因此得到了士人的尊重。《西京杂记》卷四写道：平津侯因为自己是从布衣而登上宰相高位的，于是"开东阁，营客馆，以招天下之士"。一处叫作"钦贤馆"，以待大贤；一处叫作"翘材馆"，以待大才；一处叫作"接士馆"，以待国士。凡是有德才的士人，他都热情接待，自己取用菲薄，所得俸禄，大都用来奉待这些"天下之士"。宋人杨万里《云龙歌调陆务观》诗中所谓"君不见汉家平津侯，东阁冠盖如云浮"，说的就是这一情形。

然而据司马迁记载，公孙弘性格多疑，好猜忌，和他有过隔阂的，虽然表面和善相处，私下一定会报复。主父偃被杀，董仲舒为汉武帝所疏远，都是公孙弘起了作用。

对于公孙弘处理人际关系的矛盾心理，宋人晏殊《书平津侯传》诗句"主父仲舒容不得，未知宾阁是何人"，金人李过庭《读公孙弘传》诗句"古来好客数平津，我道真龙未必真。一个仲舒容不得，不知开阁为何人？"都有涉及。这也许暴露了儒者由来久远的精神病灶，古今也是同一的。

汲黯所揭露的公孙弘盲目顺从皇帝的性格弱点，尽管公孙弘自称为"忠"，但是人们往往斥责为"谀"，看作是奴性心理的表现。元代诗人龚璛有《读〈汉书〉》诗，其中对好几位汉武帝时代的高官进行了心理解剖，可以一读。对公孙弘，则直接揭露了他"从谀"的性格特点：

> 张汤多巧诋，公孙但从谀。
> 甚恶刀笔吏，亦鄙章句儒。
> 在廷无党偏，惟有汲长孺。
> 徒为右内史，几以不悦诛。
> 武帝欲云云，顾问当何如？
> 陛下内多欲，奈何效唐虞。
> 申生言力行，较之得皮肤。
> 惜不能用黯，为御史大夫。

丞相取充位，不用董仲舒。
对策最纯正，尚忧书自书。
《六经》曰"表章"，儒效旧阔疏。
治道固有本，千载一长吁。

诗人批评汉武帝"不用董仲舒"，并且认为这也和公孙弘有关。

宋人洪迈《容斋五笔》也议论过对于公孙弘应当如何评价。他说，史家"于公孙弘则云性意忌，外宽内深，饰诈钓名，不为贤大夫所称述"，说他城府深，多心计，有虚伪的一面，其人品不为大多数人所看好，然而他的文化功绩却是值得肯定的，"弘之为人，得罪于公论，而所以扶持圣教者，乃万世之功也"。他认为公孙弘对于提升儒学地位的贡献，是"万世之功"。

太学的兴立

汉武帝时代在文化方面的另一个重要举措，是兴太学。

汉武帝元朔五年（前124）创建太学，国家培养政治管理人才的正式官立大学自是出现。

《汉书·董仲舒传》说，汉武帝创办太学，是接受了著名儒学大师董仲舒的献策。董仲舒指出，太学可以作为"教化之本原"，也就是作为教化天下的文化基地。他建议，"臣愿陛下兴太学，置明师，以养天下之士"，这样则可以使有志于学者以尽其材，而朝廷也可以因此得天下之英俊。

太学的创建，采用了公孙弘制订的具体方案。

公孙弘拟议：第一，建立博士弟子员制度，将原本私人收徒的博士确定为国家正式的教职，其私学形式于是转变为官学；第二，规定为博士官置弟子50人；第三，博士弟子得以免除徭役和赋税；第四，博士弟子的选送，一是由太常直接选补，二是由地方官选补；第五，太学管理，一年要进行一次考试；第六，考试成绩中上等的太学生可以任官，成绩劣次，无法深造以及不能勤奋学习者，令其退学。

汉武帝批准了公孙弘拟定的办学方案。

汉武帝时期的太学，规模很有限，只有几位经学博士和50名博士弟子，但是这一文化雏形，却代表着中国古代教育发展的方向。太学生的数量，汉昭帝时增加到100人，汉宣帝时增加到200人，汉元帝时增加到1000人，汉成帝末年，增加到3000人，汉平帝时，太学生已经多达数千人。王莽时代进一步扩建太学，一次就曾经兴造校舍"万区"。东汉时期，太学生人数已经多至3万人，形成了"东京学者猥众""诸生横巷"的文化盛况。

东汉时的太学，已经形成社会舆论的一个中心。最高执政集团和整个官僚政体已经不能不重视太学中发出的声音。

太学的兴立，进一步有效地助长了民间积极向学的风气，对于文化的传播起到了重大的推动作用，同时使大官僚和大富豪子嗣垄断官位的情形有所改变，一般中家子弟入仕的门径得以拓宽，一些出身社会下层的"英俊"之士，也得到入仕的机会。

汉武帝时代，除了建立太学之外，还命令天下郡国都设立学校官，初步建立了地方教育系统。

儒学领袖董仲舒

今天西安市碑林区有一条下马陵街。据说，下马陵是西汉大儒董仲舒的葬地，他的学生们每次经过这里都下马步行，所以称作"下马陵"。也有人说，"下马陵"的得名，是因为汉武帝每次经过董仲舒墓，都下马致敬的缘故。宋代学者程大昌《雍录》引李肇《国史补》："武帝幸宜春苑，每至此下马，时谓之'下马陵'，岁远讹为'虾蟆陵'也。"明代正德元年（1506），陕西巡抚王珝在这里建造了董子祠。嘉靖年间，又出现了董子墓。清康熙六年（1667）又扩建了祠堂，并且在门前刻石"下马陵"。

董仲舒的名字在中国文化史上有着特殊的光辉。

董仲舒出身广川（今河北枣强东），少年时就开始研读《春秋》，汉景帝时任博士。他专心学业，据说"三年不窥园"，宅中庭园景色优美，他竟然三年未曾分心。他的言行举止，每时每刻都遵循"礼"的规范。儒学学士们尊奉他为导师。

汉武帝即位后，董仲舒以"贤良"身份对策，在回答皇帝提出的问题时见识卓越、言辞得体，为汉武帝所看重。

汉武帝任命他为江都国相。江都易王是汉武帝的哥哥，骄横好勇，然而董仲舒以儒学经典治国，得到江都王的尊重。

董仲舒在家中闲居时，得知辽东郡的高庙和长陵的高园殿都发生了火灾，于是借此宣传灾异学说，对现实行政自然免不了批评。草稿尚未完成，主父偃正好前来探访，出于嫉恨之心，偷走了草稿进献给汉武帝。汉武帝为此召见群儒，把董仲舒的文字给各位儒生看。董仲舒的弟子吕步舒不知道是自己老师的文章，以为是"大愚"之见。董仲舒因此被捕，经过审讯定罪，应当处死，汉武帝诏令赦免。董仲舒从此不敢再议论灾异。

董仲舒为人廉洁正直。公孙弘治《春秋》之学，水准不如董仲舒。然而他善于察言观色，灵活处世，地位至于公卿。董仲舒看不惯公孙弘阿谀逢迎的作风，被公孙弘嫉恨。公孙弘听说汉武帝的另一位兄长胶西王极其任性骄狂，多次谋害朝廷派来的官员，便向汉武帝建议任命董仲舒为胶西国相。董仲舒到任后，胶西王听说这是著名的大儒，对他反而十分客气。但是董仲舒担心时间长了终究会出问题，只好借病辞职。他回到家乡之后，也只是修学著书，并不用心于家产经营。

宋人石介《安道登茂材异等科》诗写道："追惜汉武世，仲舒道磽确。"说到汉武帝时代儒学未必占据了压倒其他一切学派的地位。而"磽确"两字，其实也贴切地反映了董仲舒本人始终未曾显达的命运和不平坦的人生道路。

宋代学者苏舜钦曾经写过一首《过下马陵》诗，前两句是："下马陵头草色春，我来怀古一沾巾。"诗句表达了怀古礼贤的心意，主题是对董仲舒和他当时提出的"罢黜百家，表章《六经》"的文化政策的纪念。此外，宋人戴复古"下马陵前感慨深"，元人王恽"下马陵前拜秋草"，谢应芳"浇酒林庄下马陵"，元人黄溍"时有北人来下马，不知秦树几啼鹃"，金人元好问"千年荆棘龟趺在，会有人寻下马陵"，以及明人黎民表"碑在千秋下马陵"等诗句，也都从不同角度抒发了对使儒学成为文化正统的董仲舒的深情怀念。

有意思的是，唐人对董仲舒墓的遗存，似乎并没有太多凝重而严肃的敬意。白居易《琵琶行》有"自言本是京城女，家在虾蟆陵下住；十三学得琵琶成，名属教坊第一部"的名句。又如僧皎然《长安少年行》诗："翠楼春酒虾蟆陵，长安少年皆共矜。纷纷半醉绿槐道，蹀躞花骢骄不胜。"说到"虾蟆陵"时，也不免语句轻薄。这当然和唐代儒学并不一定总是摆出庄严冷穆的面孔有关，或许也反映了普通社会民众心目中的儒学形象，原本有亲近人生的一面。

汉长安城遗址曾经出土的"石渠千秋"瓦当，"仁义自成"瓦当，也都是体现当时文化观念的重要遗存。石渠阁，是汉代宫廷图书档案馆。这里收藏着最丰富的文化精华。《汉书·刘向传》和《儒林传》都记载，这里曾经多次举行"讲论五经"，"五经诸儒，杂论同异"的儒学学术辩论活动。汉长安城遗址中未央宫前殿的北面，依然可以看到石渠阁夯土基址的存在。石渠阁遗址夯土台基长 77 米，宽 65 米，高 8.74 米，遍地散布着汉代的砖瓦残片。"仁义自成"四个字，表现出了一种以儒学为根基的文化充实感和文化自信心。

察举：选官制度的革命

中国古代社会的政治结构相当稳固。这种结构建设的基本工程，可以说是在汉武帝时代初步完成的。

这种政治结构的特征之一，是以官僚制度作为基本的行政管理形式。

那么，官吏的选用是通过怎样的途径呢？换句话说，这些官员是怎样进入管理阶层的呢？

汉武帝的一项政治发明解决了这个问题，并在中国选官制度史上留下特殊的意义。这就是察举制。

传统的政治结构是通过一级级的官僚由上而下实行严密的管理的。最高统治者一般都希望吏治清明，以维护正常的政治秩序，保证国家机器的顺利运转。然而另一方面，他们又面临与各级官吏均分实际利益的问题。使各级官吏都得到相应的实利以维持其工作热情，又不使其超过一定的合理度以危害整个国家的利益，是一件相当困难的事。

汉初，逐步建立和健全了一系列选官制度和监察制度。在汉武帝时代，有关制度又得以进一步完善。中国古代王朝在开国初年，最高执政集团多由创业功臣构成。有的学者称之为"功臣政治"。随后往往有功臣子弟集中从政并占据高位的情形，这就是所谓"功臣子弟政治"。此后才能够逐渐实现贤能之臣执政的所谓"贤臣政治"或"能臣政治"。汉武帝时代，大体完成了由"功臣政治"向"贤臣政治"或"能臣政治"的转变。

汉武帝开创了献策上书为郎的选官途径，在一定限度内欢迎批评政治的意见。一时四方人士上书言得失者多达千人，其中有些因此而取得了相当高的职位。田千秋原任高寝郎这样的低级职官，就是因为上书言事称旨，很快被任命为列为九卿之一的大鸿胪，不过数月又超迁为丞相。

中国古代选官制度的演进，大体可以表现出"世官制""察举制""科举制"三个阶段。"世官制"就是官职世袭的制度。"察举制"则实行由一定地位的人荐举官吏的方式。

"科举制"则实行考试制度。从"世官制"到"察举制",体现了选官制度的一大进步。汉文帝时,已经有从社会基层选用"贤良""孝廉"的做法,指令中央官吏和地方官吏得从下级属吏、民间地主和部分自耕农人中选拔从政人员。名臣晁错就是以"贤良文学"之选,又经帝王亲自策试,得以升迁为中大夫的。不过,当时既没有规定选举的确定期限,也没有规定各地方选举的人数。也就是说,这种选举形式还没有成为完备的制度。汉武帝在即位之初的第一年,就诏令中央和地方的主要行政长官"举贤良方正直言极谏之士"。6年之后,又下诏策试"贤良"。也就是在这一年,明确规定了郡国必须选举的人数。

　　正是在汉武帝时代,察举制得以基本成为正统的政制。这一历史事实,标志着选官制度重要的进步,意义十分深远。劳榦《汉代察举制度考》一文曾经指出,汉武帝"初令郡国举孝廉各一人"的元光元年(前134),是"中国学术史和中国政治史的最可纪念的一年"。这是因为这一诏令表明察举制已经发展成为一种比较完备的仕进途径,察举制作为选官制度的主体的地位得以确立。

武皇开边

西汉步兵俑,头包发巾,身穿红色至膝长襦,腿扎行縢,仅有胸甲,右手半握拳上举,原来应持有武器,现藏陕西历史博物馆。

清人赵翼《廿二史札记》评价汉武帝事业，曾说："帝之雄才大略，正在武功。"汉武帝时代最突出的历史表象之一，是汉王朝对匈奴进行了成功的远征。这就是我们前面曾经引录毛泽东所说的"汉武征伐匈奴"。

用兵匈奴

戈壁大野，忽然扬起腾天的尘雾，地面有如轻雷滚动。远看旌旗鲜亮，大队的骑兵飞驰而来。——这是二千一百多年前中国北方草原地带常见的场景。

汉王朝和匈奴之间壮烈的战争，激动着两个民族悍勇男儿的热血，公元前2世纪的民族史和文化史的画面，闪耀着刀剑的寒光。

汉武帝时代最突出的历史表象之一，是汉王朝对匈奴进行了成功的远征。

如果没有汉武帝精心组织和指挥的这一军事行动，汉王朝的政治地图，北面总是残缺的、破损的、移动的、变化的。

匈奴游牧部族联盟的军事力量长期以来压迫着中国北边，使农耕生产的正常经营受到严重的威胁。在形势最严峻的时期，匈奴骑兵甚至侵扰过长安邻近地区。与匈奴的关系，成为汉武帝时代在对外关系方面所面临的最为严重、最为困难的问题。

汉武帝作为具有非凡胆识和气魄的帝王，克服各种困难，发动了对于匈奴的战争。可以说，汉朝被匈奴欺负了几十年，到了汉武帝时,才开始真正还手。由于对于战争主动权的牢固把握,这一战争后来又具有了以征服匈奴为目的的性质。

陕西咸阳杨家湾发现了一座汉代墓葬,经过清理,在11个陪葬坑里,出土了583件骑兵俑,1965件各种人俑。骑兵军阵十分严整,战马昂首翘尾,胸宽体阔,骑士个个抬头挺胸,右手握持兵器,左手牵缰勒马,大都背弩负箭,部分身着甲胄。杨家湾汉墓的墓主,是文景时代的一名将领。陪葬坑骑兵军阵模型,体现了汉武帝之前汉王朝骑兵部队的风采。可以想见,汉武帝时代使用于征伐匈奴战事的骑阵,应当有更精良的装备,有更高昂的士气。

元光二年(前133),汉武帝计划引诱匈奴人进占马邑(今山西朔县),以汉军30万人伏击,企图一举歼灭匈奴军主力。汉军的计划被匈奴单于察觉。他发现原野上只有散布的牛羊群,却看不到放牧的汉人,便下令攻击一处汉王朝的边防据点,抓捕到一名军官,经过审讯,得知了汉军的计划,于是匆忙中途撤回全军。此后,匈奴屡屡犯边,汉军也多次发动反击和主动的进攻。

元光六年(前129),匈奴人侵犯上谷(郡治在今北京延庆西南),汉武帝派遣4位将军各率万骑击匈奴于胡市下。车骑将军卫青出上谷,进军至于龙城(今蒙古国乌兰巴托西)。

元朔元年(前128),汉武帝派卫青率3万骑兵出雁门,将军李息出代,进攻匈奴。卫青斩敌数千人。

元朔二年(前127),匈奴攻入上谷、渔阳(郡治在今北京密云西南),杀掠吏民。汉武帝命卫青率数万大军从云中(郡治在今内蒙古托克托东北)沿黄河北岸迅速向西北挺进,一举攻占军事要塞高阙（今内蒙古杭锦后旗东北），切断了占据河南地的匈奴白羊王、楼烦王所部与匈奴王庭间的联系。随后卫青率军又沿黄河西进，直下陇西（郡治在今甘肃临洮），完成了对白羊王、楼烦王所部的战略包围。匈奴在河南地的防务全线崩溃之后，白羊王、楼烦王只得率残部逃出塞外。卫青以收复河南地的战功，封为长平侯。

丧失河南地的匈奴贵族连年率部袭扰汉边境。元朔五年（前124），汉武帝再次派遣卫青出击匈奴。卫青部经朔方（郡治在内蒙古杭锦旗北），出高阙，北出边塞六七百里，奔袭匈奴右贤王部成功。卫青在军中被拜为大将军，取得了统率各路诸将的权力。这次战役的胜利，确保了朔方郡的安全，又切断了匈奴单于主力与占据河西地区的休屠王、浑邪王所部的联系。

元朔六年（前123），大将军卫青将六将军兵十余万骑在春二月和夏四月两次出定襄击匈奴。

元狩二年（前121），骠骑将军霍去病率领汉军远征。霍去病自陇西出兵，过焉支山（今甘肃山丹东南），西北行千余里，数战数捷，缴获匈奴休屠王祭天金人。同年夏季，又从北地（郡治在今甘肃庆阳西北）出击，逾居延海，南下祁连山，孤军辗转二千余里，在鱳得（今甘肃张掖西北）一带大败匈奴军，斩杀三万二千余人，俘虏匈奴贵族五十九人，官吏六十三人。这次战役，沉重地打击了匈奴右部。同年秋，浑邪王杀休屠王，率四万余众降汉。霍去病奉命受降，又在极复杂的情况下，坚定果敢地平定了匈奴部众的内部叛乱，使安置匈奴内附的计划得以成功。

汉王朝对匈奴作战的连续胜利，使得西北边境上的威胁基本解除。然而活动于汉王朝北边东部的匈奴左贤王的军队,始终没有遭受过沉重的打击,仍然在右北平(郡治在今内蒙古宁城西南)、定襄(郡治在今内蒙古和林格尔北)诸郡侵扰边地。而且匈奴主力退居大漠以北,以其飘忽若飞、出没无常的高度机动性优势,依然威胁着汉王朝北部边地的正常的农耕生活。

元狩四年(前119),汉武帝又发动了远征匈奴的规模空前的战略大决战。卫青率军从定襄出发,向北直进千余里,战胜匈奴伊稚斜单于的主力,推进到位于寘颜山(在今蒙古国杭爱山南端)的赵信城。霍去病率军从代郡(郡治在今河北蔚县东北)出发,轻装疾进,长驱二千余里,在大漠击溃匈奴左贤王的主力,进军至狼居胥山(一说即今蒙古国克鲁伦河之北的都图龙山),祭姑衍山(在今蒙古国乌兰巴托东南)而还。

这次战役的胜利,使汉王朝在与匈奴的军力对比上占有了优势,一百多年来匈奴骑兵侵扰边地,对中原北边农耕经济造成严重破坏的局面得以扭转。匈奴在军队主力以及人畜资产受到严重损失的情况下继续向北远遁,形成了漠南无王庭的形势。汉军占领了从朔方至于张掖、居延间的大片土地,保障了河西走廊的安全。此后相当长的一段时间,匈奴已经无力向汉王朝发动大规模的军事进攻,汉与匈奴军事冲突的重心地域,也由东而西,转移到西域方向。

黄河流域的农耕民族,终于可以长舒一口气,从此能够安心生产了。

对"武皇开边"的批评,历来音声响亮。

唐代诗人杜甫的名作《兵车行》借"武皇"事迹,批评当时的执政者:"边庭流血成海水,武皇开边意未已。君不闻汉家山东二百州,千村万落生荆杞。纵有健妇把锄犁,禾生陇亩无东西。况复秦兵耐苦战,被驱不异犬与鸡。""信知生男恶,反是生女好。生女犹得嫁比邻,生男埋没随百草。君不见,青海头,古来白骨无人收。新鬼烦冤旧鬼哭,天阴雨湿声啾啾。"

杜甫虽然是借古讽今,但是诗句也显露出他和他周围的文人阶层对汉武帝战争行为的态度。

唐人沈彬有《塞下三首》:

> 塞叶声悲秋欲霜,寒山数点下牛羊。
> 映霞旅雁随疏雨,向碛行人带夕阳。
> 边骑不来沙路失,国恩深后海城荒。
> 胡儿向化新成长,犹自千回问汉王。
> 贵主和亲杀气沉,燕山闲猎鼓鼙音。
> 旗分雪草偷边马,箭入寒云落塞禽。
> 陇月尽牵乡思动,战衣谁寄泪痕深。
> 金钗谩作封侯别,劈破佳人万里心。
> 月冷榆关过雁行,将军寒笛老思乡。
> 贰师骨恨千夫壮,李广魂飞一剑长。
> 戍角就沙催落日,阴云分碛护飞霜。
> 谁知汉武轻中国,闲夺天山草木荒。

"金钗""佳人"一句,说远征者背后的闺怨,是诗人常用的反战笔法。而"谁知汉武轻中国,闲夺天山草木荒"句,则从根本上否定了战争的意义,认为"中国"的人力财力不宜轻视,而新得疆土则荒凉无用,不值得以战争手段夺取。"阴云""落日""乡思""泪痕""雪草""寒笛",以及所谓"旅雁随疏雨""行人带夕阳"等等,总的基调是悲冷的。

唐人司马扎的《古边卒思归》,通过农人的切身感受,表达了对汉武帝军事政策的批评:"有田不得耕,身卧辽阳城。梦中稻花香,觉后战血腥。汉武在深殿,唯思廓寰瀛。中原半烽火,比屋皆点行。边土无膏腴,闲地何必争。徒令执耒者,刀下死纵横。"所谓"边土无膏腴,闲地何必争",是普通百姓的意识,而与身居"深殿","唯思廓寰瀛"的帝王不同。

北宋名相王安石的《汉武》诗也涉及汉王朝对匈奴的战争:

> 壮士悲歌出塞频,中原萧瑟半无人。
> 君王不负长陵约,直欲功成赏汉臣。

清代学者赵翼曾经注意到,汉武帝任命的三位对匈奴作战的主将卫青、霍去病、李广利,都和汉武帝宠爱的女子有亲属关系。汉高祖刘邦曾经确立没有军功就不能封侯的原则。王安石诗句的意思是,汉武帝为了这三位贵戚得以立功封侯,才发军远征匈奴的。

赵翼《廿二史札记》卷二写道:

> 三大将皆出自淫贱苟合,或为奴仆,或为倡优,或以嬖宠进,后皆成大功为名将,此理之不可解者也。

汉武帝重用的三位将军都因"女宠",确是事实,但是如果据此以为发动对匈奴战争的动机是针对卫、霍、李的"直欲功成赏汉臣"，则是不符合历史实际的。我们知道，以卫青当时的身份，已经完全可以效法汉景帝封王信那样，不必军功即可封侯。

在战争中以军功得封侯，不仅是卫、霍、李们个别人的心愿，也是当时社会普遍的追求。

邢义田在《汉代画像中的"射爵射侯图"》一文中考证，汉代画像中普遍出现的挽弓射高树之上猴子的画面，应当理解为"射侯图"。这种画面的出现，"代表了社会各阶层一种共通的愿望。这和汉代镜铭中看到普遍祈求富贵的情形是一致的"。汉代铜镜铭文中类似的语句，有："宜侯""宜侯王""宜王侯"，"公侯至""为侯王""如侯王""位至侯王""立至公侯"等。汉代铜洗铭文，也常见"宜侯王"字样。铜镜和铜洗都是日常生活应用最频繁的物品，其铭文的内容天天面对主人，自然也可以看作主人心理的写照。

唐人诗作说到边塞战事，常见"觅封侯"的说法。如杜甫《复愁》："胡虏何曾盛，干戈不肯休。闾阎听小子，谈话觅封侯。"王维《塞上曲》："塞虏常为敌，边风已报秋。平生多志气，箭底觅封侯。"高适《送兵到蓟北》："积雪与天迥，屯军连塞愁。谁知此行迈，不为觅封侯。"李端《送彭将军云中觐兄》："闻说苍鹰守，今朝欲下鞲。因令白马将，兼道觅封侯。"王昌龄的《闺怨》更为人们所熟知："闺中少妇不曾愁，春日凝妆上翠楼。忽见陌头杨柳色，悔教夫婿觅封侯。""觅封侯"，其实也是汉武帝时代不少人积极参与对匈奴战事的动机。

汉昭帝始元六年（前81）举行过一次称作"盐铁会议"的关于基本国策的辩论。两种政见的代表人物就盐铁官营等经济政策和与匈奴和战等外交军事政策进行了激烈的争论。《盐铁论》记录下了当时的情景：批评汉武帝匈奴政策的一派说，当时出击匈奴，"苦师劳众，以略无用之地，立郡沙石之间"，军人苦战，民众辛劳，占领的都是没有用处的土地，在戈壁沙漠设立郡县，不仅难以守卫，还需要从内地输送军需粮草，这种政策，只能看到过失，看不到收益。他们回顾当时战争形势的严峻，"当路结祸，纷挐而不解，兵连而不息，边民不解甲弛弩，行数十年。介胄而耕耘，鉏耰而候望，燧燔烽举，丁壮弧弦而出斗，老者超越而入葆。言之足以流涕寒心，则仁者不忍也。"为了备战，老百姓不得不穿戴着甲胄从事耕种，手里握着农具同时承担守备警戒任务，一旦烽火燃起，丁壮立即投入战斗，老者也必须仓皇躲避。所谓"流涕寒心"，"仁者不忍"，体现了儒学以"和"为基点的一种反战情绪。《盐铁论·徭役》中所说"长子不还，父母愁忧，妻子咏叹，愤懑之恨发动于心，慕思之积痛于骨髓"，从"困苦"说到"慕思"，以至"愁忧""咏叹"甚至"愤懑之恨"，从和平主义的意识出发，表述了当时社会情绪消沉的一面。而《盐铁论·论勇》记录的肯定汉武帝匈奴政策的一方，却以"怯夫有备，其气自倍"，"舞利剑，蹶强弩，以与貉虏骋于中原，一人当百，不足道也"等言辞，赞扬了战时形成的英雄主义精神。

也许我们在分析汉武帝时代与对匈奴作战有关的民众意识时，两个方面都应当注意。

"蹶强弩"，又称作"蹶张"，是汉代战争中一种普遍的作战形式。汉代画像中，仍然保留了武士"蹶强弩"的形象。

打通西域道路

西汉时期,玉门关和阳关以西的地域(即今新疆乃至中亚地区),被称作"西域"。

所谓"天山草木荒",被有些文人以为没有意义。实际上,这一地区有着重要的战略地位。

西汉初年,位于现今新疆地区的所谓狭义的"西域"计有三十六国,大多分布在天山以南塔里木盆地南北边缘的绿洲上。汉武帝听说匈奴的宿敌大月氏有报复匈奴之志,于是招募使者出使大月氏,希望合力夹击匈奴。汉中人张骞应募,率众一百余人在建元二年(前139)出发西行。途中经过匈奴控制的地区,被匈奴人拘禁,历时十年左右方得逃脱。张骞为了完成使命,继续西行,又翻越葱岭,经大宛、康居,到达了大月氏。然而这时的大月氏因为新居地富饶平安,无意东向与匈奴进行复仇战争。张骞于是东返,途中又被匈奴俘获,扣留了一年多,于元朔三年(前126)回到长安。张骞出使西域,以前后十三年的艰难困苦为代价,使中原人得到了前所未闻的有关西域的多方面的知识,同时使汉王朝的声威和汉文化的影响传播到了当时中原人世界观中的西极之地。

汉军击破匈奴,打通河西之道之后,元狩四年(前119),张骞再次奉使西行,试图招引乌孙东归。这一目的虽然没有实现,但是通过此行,加强了汉王朝和西域各国之间的联系。

汉王朝对西域的影响,在世界文化史上有值得重视的意义。正是由于这一历史变化,汉王朝才开始真正地面对世界。

回顾汉武帝时代远征匈奴以及经营西域的历史，若干具体的历史细节有必要澄清。比如关于"镔铁"的认识。

电视连续剧《汉武大帝》被编导人员定位为"历史正剧"，又称据《史记》《汉书》"改编"。于是人们在热心关注汉武帝时代的历史的同时，也自然会思考剧中的情节是否真的符合历史真实。

比如，剧中第34集有张骞和工匠在匈奴铁匠铺中的对白。张骞问：您往这里头加的是什么呀？工匠回答：这是锻造精钢宝刀的密料，从大月氏国来的宝贝，必须用它才能打造出宝刀。第44集又有张骞对大月氏女王说：这是我从匈奴拿到的炼制精钢所用的添加料，我想请女王……

观众因此产生了对于所谓匈奴"精钢宝刀"的疑问。有记者就剧中若干问题访问了《汉武大帝》历史顾问求实先生，于是就有以下采访记录。

"精钢"是从西域传来的吗？

《汉武大帝》中，刘彻看见大行令王恢出使匈奴前敬献的削铁如泥的匈奴宝刀"径路"很震惊，派张骞出使月氏国，带回炼精钢技术。历史上张骞出使西域的诱因真的是与汉武帝想引入精钢技术有关吗？既然铁在中国出现可溯源到春秋以至商周，有观众疑惑落后的游牧民族匈奴的制刀技术怎么会比汉朝还高？

据求实介绍，中国的"剑"本来就是从游牧民族传入的。"径路"是北方游牧民族对宝刀的称呼，其合音就是"剑"。这个词据考证可能来自伊朗语系或突厥语系。中国铁器时代发生较晚，战国兵器仍以青铜为主，秦陵兵马俑的武器可证。制铁技术真正重大的突破是在西汉。

求实先生接着又谈到，汉武帝开辟西域交通，导致了西汉"钢铁生产技术取得重大突破"：

> 就世界冶金史看，西亚、印度、北非和欧洲大约在纪元前10世纪即进入铁器时代，制作优质钢铁兵器的技术早于中国。西汉时期中国方进入大规模应用铁器时代，钢铁生产技术取得重大突破，这应是与汉武帝开辟西域交通，引进西域（包括伊朗印度）钢铁技术有关。据记载，这时，从西域引进中国一种新型钢铁，称曰"镔铁"，又号"金刚"或"精钢"。这种钢质镔铁，中世纪也传入欧洲，西方人称之为"印度钢"。
>
> 法国学者Canbul指出："阿富汗（即大月氏/贵霜）产西方人所说至珍贵之'印度钢'。至良之剑，则铸自波斯、叙利亚。古代印度钢，驰名四海，人争求之。"求实引用著名科技史学家冯家升的著作指出："汉晋以来，中国所说之镔铁即精钢，亦即来自西域波斯之印度钢。"这些史料，就是《汉武大帝》剧中张骞从大月氏（阿富汗）获取精钢炼制技术的史料根据。那种黑色添加料，叫"金丝梵"，以它打制钢刀，可出耀目寒光。当然汉武大帝派张骞出使西域的诱因，并非只为引进精钢技术。派张骞出使西域，根本原因是汉武帝要为攻打匈奴寻求盟友的战略规划。

求实先生所说张骞出使西域的主要动机"要为攻打匈奴寻求盟友"，是符合历史真实的。而"获取精钢炼制技术"，按照求实先生所说，似是另外的收获。

对于《汉武大帝》历史顾问的说明，人们还是心存疑惑。看来，就所谓"镔铁"及其传入中土的时间进行讨论，是必要的。

其实，"战国兵器仍以青铜为主"的说法，还需要证明。因为秦始皇陵兵马俑军阵体现的是特殊的军队构成，秦俑的性质现在还未能确知，有一种意见就认为其军阵有仪仗的意义。因此"秦陵兵马俑的武器"，不足以证明当时军队使用武器的总体状况。正如尽管英国皇家卫队的骑兵表演举世闻名，但不能据此误以为现今英国军队以骑兵为主一样。

历史事实是，西汉时期，中原在冶铁技术方面是超过匈奴的。匈奴史研究者林幹先生在《匈奴史》《匈奴通史》中指出，匈奴"手工业中最重要的当推冶铁业"，"当时匈奴人的冶铁业可能已经形成为一个独立的手工业部门"，不过，"从许多刀剑的形式酷似汉式的情形看来，不仅反映匈奴人的铁器文化受到汉族文化的很大影响，而且可以推断当时的铁匠大多也是来自中原的汉族匠人。"至于西域诸国，据《汉书·西域传上》记载，有的国家有铁器制作业，如婼羌国"山有铁，自作兵，兵有弓、矛、服刀、剑、甲"，此外，难兜国"有银铜铁，作兵与诸国同"。然而通过这些文字，显然难以得出"引进精钢技术"是"汉武大帝派张骞出使西域的诱因"之一的推想。而《史记·大宛列传》记载，有的西域国家是从汉王朝传入铁器制作技术的："自大宛以西至安息，……其地皆无丝漆，不知铸钱器。及汉使亡卒降，教铸作他兵器。"这里所说的"钱器"，裴骃《集解》引徐广说，也写作"铁器"。《汉书·西域传上》正是这样记录的："不知铸铁器。及汉使亡卒降，教铸作它兵器。"

《史记·汲郑列传》说，汉王朝与匈奴之间的物资交往，有严格的关禁制度：匈奴浑邪王一行来到长安，商人与他们发生贸易关系的，有500多人被判死罪。汲黯说："愚民安知市买长安中物而文吏绳以为阑出财物于边关乎？"一般老百姓怎么会知道在长安市场上做买卖，官员竟然会按照惩治边关走私财物的法律严厉治罪呢？唐代学者裴骃在《史记集解》中引用丁应劭这样的解释："阑，妄也。《律》：'胡市，吏民不得持兵器出关。虽于京师市买，其法一也。'"指出汉代法律明文规定，官员和百姓不得携带兵器出关。对于汉律"胡市，吏民不得持兵器出关"的条文，唐代学者颜师古在解释《汉书·汲黯传》中的有关记载时引录了东汉学者应劭的话，又明确指出禁止出关的物资包括"铁"，即"兵器及铁"："《律》：'胡市，吏民不得持兵器及铁出关。'"可见，匈奴在制铁技术方面未必比汉王朝先进，真实的情形可能恰恰相反。

居延出土汉代木简文书中，可以看到有关边境两位亭长叛逃到境外的事件的记录，其中明确写到他们带走的铁制兵器的品类和数量。这样的文字，可以理解为罪证的记录。

所以，《汉武大帝》历史顾问求实先生说，"西汉时期中国方进入大规模应用铁器时代，钢铁生产技术取得重大突破，这应是与汉武帝开辟西域交通，引进西域（包括伊朗印度）钢铁技术有关。据记载，这时，从西域引进中国一种新型钢铁，称曰'镔铁'，又号'金刚'或'精钢'。"认为西汉"钢铁生产技术取得重大突破""与汉武帝开辟西域交通，引进西域（包括伊朗印度）钢铁技术有关"，现在看来，这种说法并无实据。

"镔铁"这个语汇在中国古代历史文献中最早出现,见于《魏书·西域传》关于"波斯国"的记载:"波斯国,都宿利城,在忸密西,古条支国也。去代二万四千二百二十八里。城方十里,户十余万,河经其城中南流。土地平正,出金、银、鍮石、珊瑚、琥珀、车渠、马脑,多大真珠、颇梨、琉璃、水精、瑟瑟、金刚、火齐、镔铁、铜、锡、朱砂、水银、绫、锦、叠、毼、氍毹……等物。"此时距离汉武帝时代,已经相当遥远。值得注意的还有,《魏书》关于波斯国物产的记述中,"金刚"和"镔铁"并列,与求实"'镔铁',又号'金刚'或'精钢'"的说法不同。唐人元稹的诗句"金刚锥透玉,宾铁剑吹毛",也体现了同样的认识。

据《金太祖实录》记载,"辽以镔铁为国号,镔铁虽坚,终有销坏"。《金史·太祖纪》说:"辽以宾铁为号,取其坚也。"("宾铁",四库全书本《金史》作"镔铁")可见往来草原大漠的契丹人当时掌握着这种特种钢的冶炼技术。这种技术的真正的"引进",可能应当以《元史·选举志三》所见"置镔铁局"的记载作为标志。求实先生说"据记载,这时,从西域引进中国一种新型钢铁,称曰'镔铁'"。所谓"这时",是汉武帝时代。他认定西汉中期已经"引进""镔铁",现在看来,是没有什么历史根据的。

杨宽先生《中国古代冶铁技术发展史》曾经指出,"波斯萨珊朝的'镔铁',是使用熟铁配合定量的渗碳剂和催化剂,密封加热而炼成的优质钢。这种镔铁制品,在北魏时期已传入我国。"美国学者谢弗所著《撒马尔罕的金桃》一书中也说到"镔铁"和"印度钢":"在中世纪时,中国人就已经知道了'大马士革钢',但是我们还无法确定这种钢是否输入了唐朝。根据6世纪的记载,说这种钢产于波斯。但是7世纪时又说它是罽宾的产品。据认为,这种金属'坚利可切金玉'。中世纪时印度出产的高碳'印度钢'也具有与大马士革钢相同的波形条纹。在中国,将这种金属称为'镔铁'。'镔'字很可能来自印度帕拉克语中的一个类似于'pina'的伊朗方言。如果唐朝人得到了大马士革刀的话,那么它就有可能是以印度或者是印度化的民族为中介的。"应当注意到,按照谢弗先生的意见,关于"镔铁"或"印度钢",中国人是中世纪才知道的,唐朝是否传入,还需要考论。杨宽先生则认为在北魏时期传入。即便如此,距离汉武帝时代也有五六百年之久。

> 镔铁出西蕃,面上自有旋螺花者,有芝麻雪花者。凡刀剑器打磨光净,用金丝矾矾之,其花则见。价直过于银。古云"识铁强如识金"。假造者是黑花,宜仔细看验。
> 　　　　　　　　　　　　　　——《格古要论》
> 《哈密卫志》云:砺石谓之吃铁石,剖之得镔铁。今有旋螺花者,有芝麻雪花者,凡刀剑砻明,以金丝矾矾之,其花即见,伪者则是黑花。
> 　　　　　　　　　　　　　　——《物理小识》

顺便还应当指出,与镔铁刀剑制作加工有关的所谓"金丝梵",其实应当是"金丝矾"的误写。"金丝矾",见于明人曹昭《格古要论》卷中及方以智《物理小识》卷七。不过,"金丝矾"并不是"精钢炼制技术"所用的"那种黑色添加料"。据古文献记载,"金丝矾"并不具有"以它打制钢刀,可出耀目寒光"的作用,而是用来辨识镔铁的。看来,这其实是一种"打假"的用物。《格古要论》说:"镔铁"出产在西方外族地域,表面有旋螺花或者芝麻雪花等花纹。凡是刀剑器,打磨光净之后,用金丝矾涂抹擦拭,其花纹就会显现。如果是假造的,会出现黑色花纹。《物理小识》说:《哈密卫志》一书写道,砺石,又称作吃铁石,剖开后,中间有"镔铁"。"镔铁"的花纹有旋螺花,有芝麻雪花,凡是刀剑,擦拭明亮,以金丝矾检验,花纹自会显现,伪造者则出现黑花。《格致镜原》卷五〇"矾"条引《事物绀珠》说:"黄矾,一名金丝矾。烧铁焠之,可以引之如金线。"看来,"金丝矾"应当是黄色,而并不是"黑色"。剧中"那种黑色添加料",如果解释为杨宽所说的"定量的渗碳剂和催化剂",或许更为合理。

就现在掌握的历史资料看来,不仅"汉武帝开辟西域交通"并没有"引进西域(包括伊朗印度)钢铁技术"的动机,而且当时西汉王朝冶铁业的进步(求实所谓"钢铁生产技术取得重大突破"),似乎也与张骞西行并没有直接的关系。

> 项籍少时,学书不成,去学剑,又不成。项梁怒之。籍曰:"书足以记名姓而已。剑一人敌,不足学,学万人敌。"于是项梁乃教籍兵法,籍大喜,略知其意,又不肯竟学。
>
> ——《史记·项羽本纪》

在反映古代历史的影视作品中,"剑"是基本的道具。从荆轲刺秦王的故事到项羽不学"一人敌",许多事实告诉我们,在战国秦汉时期,"剑"曾经是身份标志,也是有实用价值的武器。有的学者曾经认为,中原的"剑",来自北方游牧民族。正如李学勤先生在《青铜剑的渊源》中指出,"这种看法的酿成,一个重要原因是没有发现春秋以前的剑"。20世纪50年代有陕西长安张家坡和河南三门峡上村岭西周至春秋初年剑的出土,林寿晋先生于是在《论周代青铜剑的渊源》中指出,中国周围古代文化的剑,或与中国剑形制无关,或年代晚于中国剑,都不能作为中国青铜剑的起源。杨泓先生《剑和刀》一文曾经分析,山西保德林遮峪发现的青铜剑,可能制作于殷代晚期,其风格"散发着北方草原民族的气息",而张家坡剑,则"具有西南地方的特征"。李学勤先生认为,四川成都地方商代遗址已经出土柳叶形剑,张家坡剑可能源自蜀国。江西新干大洋洲商代后期墓中也出土两件剑,也与来自西南的剑有一定关系。杨泓先生和李学勤先生都指出,商代和西周的青铜短剑,有效使用的锋刃部分其实可以说是和匕首差不多,只有当双方战士扭打在一起时,这种短武器才会起作用。林遮峪一类其风格"散发着北方草原民族的气息"的短剑,甚至可能仅是狩猎或进食时用的切割工具。李学勤先生《青铜剑的渊源》又指出,浙江长兴雉城的云雷纹剑,长度已经达到35.8厘米。他推测,"严格意义上的剑,恐有可能始于东南,即吴越地区"。"剑的渊源多在南方,而标准的长剑更可能自东南兴起","《考工记》说,'吴粤之剑,迁乎其地而弗能为良。'……这不只表示吴越造剑工艺的发达,也说明剑在当地历史的悠久"。正像马明达《说剑丛稿》中所说的,"这是一个精辟的观点,对我们深有启发"。

看来，现在还不能简单地论定"中国的'剑'本来就是从游牧民族传入的"。至于所谓"'径路'是北方游牧民族对宝刀的称呼，其合音就是'剑'"的意见，也还有可以讨论的余地。《逸周书·克殷解》说，周武王对纣的尸身"击之以轻吕，斩之以黄钺"。有人说，"轻吕"和"径路"都是"剑"对音。不过，在《史记·周本纪》中，司马迁就将"轻吕"写作"轻剑"。可见，"轻吕"和"径路"为"剑"的对音或者"其合音就是'剑'"的说法还不能十分确定。《汉书·匈奴传下》："刑白马，单于以径路刀、金留犁挠酒。"颜师古注引应劭曰："径路，匈奴宝刀也。金，契金也。留犁，饭匕也。挠，和也。"匈奴单于使用"径路刀"与"饭匕"调酒的故事，可以从一个侧面印证李学勤先生提出的这种"径路"可能"仅是狩猎或进食时用的切割工具"的说法。

据考古发现，单纯的匈奴文物遗存中，兵器除箭镞外，以刀为主。对于所发现的所谓"剑"，可能以冯恩学先生在《俄国东西伯利亚与远东考古》中关于匈奴考古的"短剑（匕首）"的表述较为合理。

求实先生答记者问的报道中说，"求实引用著名科技史学家冯家升的著作指出：'汉晋以来，中国所说之镔铁即精钢，亦即来自西域波斯之印度钢。'这些史料，就是《汉武大帝》剧中张骞从大月氏（阿富汗）获取精钢炼制技术的史料根据。"我们看到，《冯家升论著辑粹》所收第一篇《契丹名号考释》中第三章《契丹字义之解释》的第二节《金太祖所语镔铁指契丹说》，专有题为《镔铁解》的一段论证，分列"中国方面之解释"和"西人方面之解释",这应当是冯家升先生讨论"镔铁"问题的主要论著,但是其中并没有看到"汉晋以来"字样。冯文反而明确说,"镔"字,"以余所知,最早载见梁顾野王之《玉篇》,及魏收《魏书·西域传》"。求实先生的"引用",却以"汉晋以来"的说法模糊时代断限,并且说,这"就是《汉武大帝》剧中张骞从大月氏(阿富汗)获取精钢炼制技术的史料根据"。这样的解释,不仅难以说服提出诘问的观众,也使得《汉武大帝》编创人员"历史正剧"的自我评价,不免打了一些折扣。

南越归服

属于"越"的文化系统的政权,在西汉早期有南越、闽越、东越、东瓯、西瓯等。

南越当时实力最强,占据了岭南广大地域,君主曾经称帝,在名义上试图与中原政权并立。

秦始皇统一岭南地方之后,派驻军队维护着和中央的联系。秦末社会动荡,中原战乱,出身中原的秦吏南海尉任嚣和龙川令赵佗商议,举兵封闭和北方的通路,形成了实际上的独立的政权。秦王朝灭亡后,赵佗兼并桂林郡和象郡地方,自立为南越武王。

广州南越王墓和南越王宫署考古发现所反映的物质文明水准,证明这个政权已经具有相当可观的国力。

据《史记·南越列传》记载,汉高祖初定天下,因为久经战乱,"中国劳苦"的缘故,当时以宽宏的态度容忍了赵佗政权在岭南事实上的割据。又派遣陆贾出使南越，承认了赵佗"南越王"的地位，希望他能够安定百越，并且保证"南边"的和平。

在吕后专制的时代，"有司请禁南越关市铁器"，主管机关建议禁止向南越国出口铁器，似乎曾经采取了对南越实行文化隔闭、文化封锁的政策。赵佗于是愤怒地说：高帝承认我南越政权，与我通使、通商，现今高后听信谗臣的挑拨，歧视我如同蛮夷一般，隔绝器物，这一定是长沙王的诡计。他想依靠中原势力灭我南越，统治我们的国土。赵佗于是号称"南越武帝"，比"南越武王"又升了一格，并且发兵攻长沙国边邑。赵佗自立尊号，由"王"而"帝"，又北上发兵，似乎有所远图，但是进军只限于边界，战争规模适可而止，攻击对象也只是长沙王，表现出他的意图并不是真正要与汉王朝进行全面的武力对抗。

南越与汉王朝正式进入交战状态，是吕后专权时代派周灶发军击南越以后的事。

对于周灶南征战事，司马迁在《史记·南越列传》中只有如下简单的表述：高后派遣将军隆虑侯周灶远征南越。正好逢暑季，炎热潮湿，士卒中疾疫流行，军队根本没有越过南岭。双方事实上在南岭一线相持了一年之久，吕后去世方才罢兵，于是出现了司马迁所谓"隆虑离湿疫，（赵）佗得以益骄"的局面。据说赵佗控制了闽越、西瓯和骆等部族或部族联盟居地，统治的地方"东西万余里"。赵佗以皇帝自居，车服制度模仿汉朝皇帝。

汉文帝即位后，对于吕后时代的政策多有否定。他下令修缮赵佗家族在真定老家的坟墓，派专人看守，定时祭祀。又为赵佗的亲族兄弟安排了官职，给予优厚的待遇。据《汉书·南粤传》记载，汉文帝又派陆贾为使者出使南越，赐书致意，文辞颇为诚挚："皇帝谨问南粤王，甚苦心劳意。朕，高皇帝侧室之子，弃外奉北藩于代，道里辽远，壅蔽朴愚，未尝致书。""朕以王侯吏不释之故，不得不立，今即位。""亲昆弟在真定者，已遣人存问，修治先人冢。前日闻王发兵于边，为寇灾不止。当其时长沙苦之，南郡尤甚，虽王之国，庸独利乎？必多杀士卒，伤良将吏，寡人之妻，孤人之子，独人父母，得一亡十，朕不忍为也。""王之号为帝，两帝并立，亡一乘之使以通其道，是争也；争而不让，仁者不为也。愿与王分弃前患，终今以来，通使如故。故使（陆）贾驰谕告王朕意，王亦受之，毋为寇灾矣。上褚五十衣，中褚三十衣，下褚二十衣，遗王。愿王听乐娱忧，存问邻国。"

这是一篇情感诚恳，言辞亲和，足以打动人心的外交文书。其中明白表示不愿意和南越开战。他说道：战端一开，必然使将吏士卒多所死伤，使别人的妻子成为寡妇，使别人的孩子成为孤儿，使别人的父母没有人孝养，损失是收益的十倍，这实在是我不忍心做的。

陆贾来到南越，传达了汉文帝谋求和平的意愿。赵佗深为感动，随即致书谢罪。他说："蛮夷大长老夫臣佗，前日高后隔异南越，窃疑长沙王谗臣，又遥闻高后尽诛佗宗族，掘烧先人冢，以故自弃，犯长沙边境。"表示愿意长为藩臣，奉贡职。于是下令国中，宣布："吾闻两雄不俱立，两贤不并世。皇帝，贤天子也。自今以后，去帝制黄屋左纛。"放弃了帝号，不再使用皇帝等级的车服。

赵佗致汉文帝书同样情感诚恳，言辞亲和，足以打动人心。据说陆贾还报，汉文帝非常高兴。于是，一直到汉景帝时代，南越"称臣遣使入朝请"，对中央政权表示恭敬顺从。不过，暗自仍然沿用旧的称号。

汉武帝元鼎五年（前112），南越国相吕嘉杀掉了南越王及太后，另立赵建德为王。在南越国发生内乱的情况下，汉武帝派伏波将军路博德和楼船将军杨仆等率部分五路南下，平定南越。南越平定之后，西瓯部族也一起归汉。汉王朝从此控制了广东、广西大部地区及越南北部和中部。汉武帝以其地分置儋耳（郡治在今海南儋州西北）、珠崖（郡治在今海南海口东南）、南海（郡治在今广东广州）、苍梧（郡治在今广西梧州）、郁林（郡治在今广西桂平西）、合浦（郡治在今广西合浦东北）、交趾（郡治在今越南河内西北）、九真（郡治在今越南清化西北）、日南（郡治在今越南广治西北）九郡。南越、西瓯以及相邻地区于是成为汉王朝中央政府直属的地域。

在汉武帝对南越用兵之前，淮南王刘安曾经进言，以南方地理条件的恶劣，提醒汉武帝战事前景未可乐观。他说："南方暑湿，近夏瘅热，暴露水居，蝮蛇蠚生，疾疠多作，兵未血刃而病死者什二三，虽举越国而虏之，不足以偿所亡。"说那里炎热潮湿，多毒蛇，容易感染疾疠，还没有直接交战，可能部队减员就达百分之二三十。就算是征服了越国，这一地区经济生活的落后，也最终致使汉王朝得不偿失。

汉武帝并没有因为这些言辞动摇出兵岭南的决心。他决意远征南越的出发点，可能并不主要在于谋取经济所得，而更注重政治方面的收益。

平定南越的胜利使汉武帝异常兴奋。当时正值元鼎六年

（前111）汉武帝东巡途中。皇帝的车队行进到左邑县（今山西闻喜）的桐乡，听军报说南越已破，汉武帝高兴地宣布将这个乡升级，成为闻喜县（今山西闻喜东北），以纪念他在这里听到了好消息。这年的春天，车队行进到汲县（今河南汲县西）的新中乡时，前方报告斩获了吕嘉的首级，汉武帝又高兴地下令，以新中乡为获嘉县（今河南新乡西）。

唐人刘禹锡诗作借用"闻喜"故事歌咏当时南征捷报的情形："蛮水阻朝宗，兵符下渚宫。前筹得上策，无战已成功。汉使星飞入，夷心草偃同。歌谣开竹栈，拜舞戢桑弓。就日知冰释，投人念鸟穷。网罗三面解，章奏九门通。卉服联操袂，雕题尽鞠躬。降幡秋练白，驿骑昼尘红。火号休传警，机桥罢亘空。登山不见虏，振旆自生风。江远烟波净，军回气色雄。伫看闻喜后，金石赐元戎。"虽然说的是另一个时代的战事，其意义不能与汉武帝平南越相比拟，却也可以帮助我们理解汉武帝当时"闻喜""获嘉"时的心情。

汉王朝远征南越的成功，其文化意义，其实可能并不亚于政治意义。此后，汉王朝统一的文化共同体的南界又进一步向南推进，真正至于所谓"北向户"地区，也就是达到了北回归线以南。

元鼎六年（前111），东越攻入豫章（郡治在今江西南昌）。元封元年（前110），汉军数路击破东越，以强制手段将越人徙处江淮之间。自此，东南地方都已归入汉王朝的版图。

夜郎入朝

据说汉武帝平定南越之后，把南越相吕嘉的子孙宗族迁徙到了现今云南保山地方，予以惩罚。他因此设不韦县，把吕嘉的罪恶和吕不韦联系起来。如果这样的说法确实，那么，当时云南西部与南越地区之间，已经开通了可以实现区域文化联系的交通路线。

秦汉时期，居住在今四川西部、云南、贵州以及广西西部地区的文化传统与中原有别的少数民族，统称为"西南夷"。西南夷地区是当时民族关系最为复杂的地区。西南夷地区的经济特征，有自己独特的风格。西南夷地区的文化风貌，也具有引人注目的鲜明的特色。

《史记·大宛列传》记述，开通西域道路的功臣张骞曾经向汉武帝建议由蜀地取道西南夷，经过位于今印度、巴基斯坦的身毒，可以通往位于今阿富汗北部的大夏。他说：我在大夏的时候，看到蜀地出产的蜀布和用邛山所出邛竹制作的手杖，问道：你们怎么得到这些东西的？大夏国人回答说：这是我们的商人从身毒买来的。身毒在大夏东南约数千里，风俗和大夏相同，只是卑湿暑热。身毒人民骑大象作战。其国"临大水焉"。以张骞的推算，大夏距离汉地大约一万二千里，在汉的西南方向。身毒国又居大夏东南数千里，有蜀物，估计应当距离蜀地不远。如果和大夏通使，经过羌中，道路险恶，羌人也会干扰；如果从北边走，则为匈奴所得；经过蜀地最为捷近，又没有敌对势力的阻碍。

汉武帝久有意于交通大宛、大夏、安息以及大月氏、康居，期望"广地万里，重九译，致殊俗，威德遍于四海"，听到张骞的话，非常高兴。他命令张骞于蜀郡和犍为郡组织人员探索通身毒路。所派遣的官员四道并出，皆各行一二千里，而为当地部族阻滞,"终莫得通"。汉武帝期望由西南夷打通身毒道路的计划,最终没有实现。

不过,汉王朝对西南夷地区的开发,却因张骞的建议得以促进。

西南夷诸部族中,较为著名的有夜郎、滇、邛都、嶲、昆明、徙、筰都、冉駹和白马等。

据说昆明国有滇池,方三百里。为了与身毒交通,汉武帝准备征伐昆明,于是在长安附近作昆明池操练楼船军,演习水战。也有一种说法,开凿昆明池的目的,是为了和越人水战。《史记·平准书》《汉书·武帝纪》和《食货志下》都有关于汉武帝元狩三年(前120)组织昆明池工程的记载,或称"穿昆明池",或称"作昆明池",或称"修昆明池"。

位于长安西南的昆明池,是汉代关中地区最著名的湖泊。其规模之宏大,据说"方四十里"。《三辅黄图》卷四《池沼》引录《三辅旧事》的内容,说道:"昆明池地三百三十二顷,中有戈船各数十,楼船百艘。"

《汉书·武帝纪》记载:元狩三年,"发谪吏穿昆明池"。颜师古注:"如淳曰:'《食货志》以旧吏弄法,故谪使穿池,更发有赀者为吏也。'臣瓒曰:'《西南夷传》有越嶲、昆明国,有滇池,方三百里。汉使求身毒国,而为昆明所闭。今欲伐之,故作昆明池象之,以习水战,在长安西南,周回四十里。《食货志》又曰时越欲与汉用船战,遂乃大修昆明池也。'"

昆明池仿像滇池,以操练楼船军为目的,水面之辽阔,可以想见。班固《西都赋》写道:"集乎豫章之宇,临乎昆明之池。左牵牛而右织女,似云汉之无涯。"以"云汉""无涯"形容其宏大的形势。张衡《西京赋》也说："日月于是乎出入，象扶桑与蒙汜。"《文选》卷二李善注："言池广大，日月出入其中也。"潘岳《西征赋》的如下内容沿袭汉人之说，也可以看作对汉时昆明池规模的追忆："乃有昆明池乎其中。其池则汤汤汗汗，滉瀁弥漫，浩如河汉。日月丽天，出入乎东西，旦似汤谷，夕类虞渊。"元人甘立有《昆明池乐歌二首》："彩鹢齐飞簇画旗，甲光如水入云低。长杨五柞遥相望，笳鼓归来日每西。""博望封侯万里还，血流青海骨如山。将军新赐楼船印，锦缆牙樯杳霭间。"描写了昆明池操练楼船军的情形。

南朝梁慧皎《高僧传·译经上·竺法兰》："昔汉武穿昆明池底，得黑灰，问东方朔。朔云：'不知，可问西域胡人。'后法兰既至，众人追以问之，兰云：'世界终尽，劫火洞烧，此灰是也。'"

考古学者经过对现场的考察，发现了昆明池附近有西周文化的遗存。《三辅黄图》卷四《池沼》说，汉武帝挖凿昆明池时，出现黑土，询问东方朔是何缘故。东方朔说，西域胡人知道。于是问胡人，胡人回答：这是"劫烧之余灰"啊。

以"劫灰"解释昆明池底的黑色土层，推想应当是佛教传入中原之后形成的说法。唐代诗人杜甫"凤纪编生日，龙池堑劫灰"，元稹"僧餐月灯阁，醵宴劫灰池"，李商隐"汉苑生春水，昆池换劫灰""年华若到经风雨，便是胡僧话劫灰"，韩偓"眼看朝中成陵谷，始信昆明是劫灰"等诗句，都使用了昆明池黑土为劫后典故。昆明池劫灰传说，或许曲折反映了汉武帝时代开凿昆明池的工程中，前代灰坑一类生活遗迹曾经因此受到破坏。

唐人胡曾《咏史》诗中有一首《昆明池》，其中写道：

> 欲出昆明万里师，汉皇习战此穿池。
> 如何一面图攻取，不念生灵气力疲。

诗句中发表了对"汉皇"一意"攻取"而不顾百姓疾苦的批评。温庭筠有《昆明池水战词》："汪汪积水光连空，重叠细纹晴漾红。赤帝龙孙鳞甲怒，临流一盼生阴风。鼍鼓三声报天子，雕旌兽舰凌波起。雷吼涛惊白石山，石鲸眼裂蟠蛟死。滇池海浦俱喧豗，青帜白旄相次来。箭羽枪缨三百万，踏翻西海生尘埃。茂陵仙去菱花老，喽喽游鱼近烟岛。渺莽残阳钓艇归，绿头江鸭眠沙草。"诗人感叹"茂陵仙去"也就是汉武帝的生理寿命结束之后，当年"箭羽枪缨三百万，踏翻西海生尘埃"的英雄胜迹，只留下一派鱼雁和谐的自然的静谧。

所谓"西南夷"以及邻近的部族群中，较大的部族联盟有夜郎、滇、邛都、徙、莋都、冉駹、白马等。唐蒙向汉武帝建议，"夜郎所有精兵可得十万，浮船牂牁，出不意"，是制服南越的奇计。汉武帝于是委任唐蒙为郎中将，开通夜郎道路，说服夜郎侯及周围的部族首领归附汉王朝，在这里设置了犍为郡。又组织巴蜀卒修治道路，自僰道直通牂牁江。司马相如也受命以郎中将身份到邛、莋等部族宣扬汉王朝的神威，终于使当地成为蜀郡的一部分。司马迁记述："滇王离难西南夷，举国降，请置吏入朝。于是以为益州郡，赐滇王王印，复长其民。"滇王降汉，欢迎中央政权派遣官吏，并请求入朝。汉武帝以其地为益州郡，赐予滇王王印，让他继续管理原有的臣民。云南晋宁石寨山出土的"滇王之印"，证实了这段历史。

元鼎五年（前112），汉武帝发军五路征伐南越，其中就有"越驰义侯遗别将巴蜀罪人,发夜郎兵,下牂牁江",来自夜郎的部队沿北盘江、红水河、黔江、浔江、西江水路而下,计划与其他四路大军在番禺(今广州)会师。事实上,夜郎军还没有赶到,南越国已经平定。但是这一计划的拟定,说明汉王朝对西南夷地方已经实行了有效的控制。

据《史记·西南夷列传》记载,汉王朝的使者来到滇国时,滇王对汉使者说:"汉孰与我大?"使者来到夜郎国,夜郎侯也提出了同样的问题。这是因为道路不通,他们各自作为当地的主宰,不知道汉的广大。于是后来有了"夜郎自大"的成语。

朝鲜置郡

汉武帝对朝鲜的战争,真正使用了楼船部队。

汉初,燕人卫满聚众千余人,东渡浿水(今朝鲜清川江),后击破自称为王的朝鲜侯箕准,自王朝鲜。元朔元年(前128),汉武帝接受秽君南闾率28万口内属,以其地为苍海郡(在今朝鲜安边、高城一带)。元封二年(前109),发兵分海陆两路进攻朝鲜。第二年,朝鲜发生内乱,汉军平定朝鲜。汉武帝于是置真番(治所在今朝鲜礼成江、汉江之间)、临屯(在今韩国江陵一带)、乐浪(郡治在今朝鲜平壤南)、玄菟(郡治在今辽宁新宾西)四郡。

《说文·鱼部》曾经列举了各地渔人对各种鱼类的认识,其中包括许多种出产于朝鲜半岛沿海的海鱼,可以证明这一地区和中原的密切联系。比如:有"鯜"等六种鱼出产于"乐浪潘国",有"魵"等两种鱼出产于"秽邪头国",有"鲖"出产于"乐浪东暆",有"鲜"出产于"貉国"。清代学者段玉裁为《说文》作注,他说,"乐浪潘国,真番也","秽邪头国,秽貃也"。其地当在《汉书·地理志下》所谓"邪头昧"一带,也就是日本海西岸的今朝鲜高城附近。"乐浪东暆",其地在日本海西岸的韩国江陵。中原人知晓朝鲜渔产,以至著录到字书之中,说明朝鲜和黄河中游地方已经有了比较密切的经济联系。

"秽邪头国"或者"秽貃",也写作"秽貉"。这一地方以及"乐浪东暆",都在朝鲜半岛东部日本海西岸。中原人对于这一海域的海洋生物学知识,与渤海、黄海不同,显然不是通过胶东半岛和辽东半岛的渔民获得,一定是经过朝鲜半岛的陆路传递而得到的。

《汉书·武帝纪》记载,元封二年(前109)发兵击朝鲜,第二年夏天,"朝鲜斩其王右渠降",汉王朝据有其地,在这里设置了乐浪郡、临屯郡、玄菟郡、真番郡。如果"潘国"确实是"真番",所管理的地方应当在黄海东海岸,临江华湾。乐浪郡,王莽改称"乐鲜",属县有"朝鲜"。又"浿水"县,王莽时代更改地名,称"乐鲜亭"。汉武帝元封三年(前108)设置的乐浪郡,王莽也改为"乐鲜"。唐人颜师古的解释中引用了东汉学者应劭的说法,认为这是因为这里是"故朝鲜国"的缘故。传说周武王封箕子于朝鲜。"朝鲜"地名,更早见于《山海经·海内北经》及《海内经》。"朝鲜"最初得名,是不是和出产于当地"貉国"的"鲜鱼"这种水产品有关呢?

在进攻朝鲜的战争中,杨仆以"楼船将军"的身份统率水军远征。司马迁在《史记·汉兴以来将相名臣年表》中记载:"(元封二年)秋,楼船将军杨仆、左将军荀彘出辽东,击朝鲜。"

而《朝鲜列传》则说，"天子募罪人击朝鲜。其秋，遣楼船将军杨仆从齐浮渤海；兵五万人，左将军荀彘出辽东，讨右渠"。看来，杨仆舰队应当是从"齐"地，也就是胶东半岛出发。

楼船将军杨仆的事迹，在中国古代海战史上成为重要的记录，在世界航海史上也自有值得重视的地位。

天马西来

《史记·大宛列传》记载，汉武帝曾经以《易》书卜问，看到"神马当从西北来"的兆示。他接受张骞出使乌孙之后乌孙王所贡献的良马，命名为"天马"。后来又得到更为骠壮的大宛的"汗血马"，于是把乌孙马改称为"西极"，将大宛马称为"天马"。

据说汉武帝为了追求西方的良马，使者往来西域，络绎不绝。他在获取西域宝马之后，曾经兴致勃勃地作《天马歌》，欢呼这一盛事：

太一贡兮天马下，沾赤汗兮沫流赭。
骋容与兮跇万里，今安匹兮龙为友。

太初四年（前101）得大宛汗血马，又作《西极天马歌》：

天马徕兮从西极，经万里兮归有德。
承灵威兮降外国，涉流沙兮四夷服。

可以看到，汉武帝渴求"天马"，并不是仅仅出于对远方珍异宝物的好奇和私爱，而是借以寄托一种骋步万里、降服四方的雄心。

"天马"远来的汉武帝时代，正是当政者积极开拓中西交通，取得空前成功的历史时期。新疆罗布泊地区出土的汉代锦绣图案中"登高明望四海"的文字，正体现了当时汉文化面对世界的雄阔的胸襟。"天马"，实际上已经成为象征这一时代中西交通取得历史性进步的一种文化符号。三国魏人阮籍《咏怀》诗："天马出西北，由来从东道。"唐人王维《送刘司直赴安西》诗："苜蓿随天马，蒲桃逐汉臣。"清人黄遵宪《香港感怀》诗："指北黄龙饮，从西天马来。"都反映"天马"悠远的蹄声，为汉武帝时代文化交融和文化传播的成就，保留了长久的历史记忆。

《史记·乐书》中记载：中尉汲黯进言：凡王者作乐，对上用来敬事祖宗，对下用来教化兆民。今陛下得马，诗以为歌，和宗庙音乐相并列，先帝和百姓能够理解其中音声的意义吗？汉武帝听了，心中不悦，默然不应。丞相公孙弘在旁边说：汲黯诽谤圣制，应当灭族。

汲黯不能理解，与所谓"上以承祖宗，下以化兆民"的雍容平和的王者之乐不同，汉武帝得宝马而"诗以为歌"，他所以面对"先帝百姓"的，不是虚伪的礼仪表演，而是真诚的性情展露。应当看到，历代千千万万的所谓"王者作乐"之郊祀之歌，都如轻尘一般随着宗庙中袅袅的香烟散荡而去，后人多已不屑一顾了，可是汉武帝的"天马"之歌，却有如天山雪顶和大漠雄风，长久保持着凝重而生动的文化伟力。

司马迁对汉武帝因得"天马"而作歌的心情是理解的。他在记述这两首诗歌之后，接着写道："凡音之起，由人心生也。人心之动，物使之然也。""乐者，音之所由生也，其本在人心感于物也。"他相信这些诗篇中抒发的，是作者真实的感情。

《史记·大宛列传》记载，汉武帝为了追求大宛汗血马，还特意发动了对西域的远征。张骞曾经到达过大宛，他对汉武帝说，大宛多善马，马汗血，是继承了"天马"的高贵血统。后来的汉朝使节也说，大宛有好马在贰师城。汉武帝酷爱良马，于是派遣壮士车令等携带千金以及金铸的骏马模型，希望能说服宛王进献贰师城的善马。然而却遭到拒绝。汉使恼怒，击碎金马而去。大宛贵族不满意汉使的狂傲，暗自策划，派人在途中劫杀汉使。汉武帝因此大怒，组织了前往西域复仇的武装力量。为了宠姬李夫人家族地位的上升，他拜李广利为贰师将军（期望李广利能够占领贰师城，夺取善马，所以号"贰师将军"），发属国六千骑，及郡国恶少年数万人，远征伐宛。

这里所谓汉使椎破的"金马"，通过陕西茂陵出土的汉代鎏金铜马，可以大体推想其形制。远程出军的原因，其实主要是"天子既好宛马，闻之甘心"。李广利在军中，还曾经"拜习马者二人为执驱校尉，备破宛择取其善马云"（参看张廷皓《西汉鎏金铜马的科学价值》）。军中专门设有相马和驯马专家的编制，是为了在击破大宛之后选择最好的良马带回中原。

经过汉军的血战，终于取得了大宛战事的成功。不过，对大宛战争的意义，历史评论者有各种不同的见解。宋代诗人莲池生在《题龙眠画鬼章牵锦膊骢》一诗中写道：

> 汉武爱名马，将军出西征。
> 喋血几百万，侯者七十人。
> 区区仅得之，登歌告神明。

他对汉武帝的宝马追求，看来是持批评态度的。千万人死伤，数十人封侯，而这场战争所换取的，不过是"名马"而已。

著名历史学家孙毓棠曾经发表题为《宝马》的长篇叙事诗，正是以汉武帝派遣李广利出军征大宛的历史事件为主题。《宝马》开篇描述大宛国在战前的和平景象：

> 西去长安一万里草莽荒沙的路，
> 在世界的屋脊上耸立着葱岭的
> 千峦万峰。峰顶冠着太古积留的
> 白雪，泻成了涩河，滚滚的浊涛
> 盘崖绕谷，西流过一个丛山环偎的
> 古国。七十几座城池，户口三十万：
> 麦花摇时有云雀飞，无数的
> 牛羊牧遍了山野；中秋葡萄
> 几百里香，园圃也垂起金黄的果子。
> 葡萄的歌声从西山飘到东山，
> 飘着和平，飘着梦。葡萄熟时
> 村姑们跨着竹篮，乡家人赶着
> 驴车，一筐筐高载了晶红艳紫；
> 神庙前扎起庆贺的花灯，家家都
> 赶酿新秋的美酒；富贵人夜宴上

堆满着罂缶,玻璃的夜光杯酌醉了
太平岁月。

然而宛王毋寡心爱的"宝马",成为"天注的劫数"。《宝马》诗中写道:

这消息越天山,经大漠,传进玉门,
长安坐着汉家皇帝。他戴的是
世界上第一座神冠,治理着
天下第一处富丽堂皇的国度,
他的长安是世界上第一座城池,
是人间第一等的光荣,他陛下
人民的勇武与文慧。东南从大海
西北到流沙,几万里说不尽的
青山绿水,市镇的繁华;田畴麦陇,
村家的鸡狗与桑麻,河汉江淮里
望不断的帆影;金椎的大道上
飞驰着朱轮华盖,邮传和驷马。
汉家皇帝东幸齐鲁来封泰山,
北临汾阴去祀后土,勒兵十八万
西游朔方,他自称是无上的天之子。
长安城南面像南箕,北像北斗,
右望终南山一架隽秀的风屏,
左带着渭水沧沧歌古的浪。
长安城棋布着九街十八巷,

盘龙的罘罳下朱门遥对着朱门，
是王侯将相和郡国的邸第；九市
开时，绿长了垂杨柳，红艳了花枝，
罗衫坠马髻是淡粉长袂的女子；
葛巾韦带是商贾人；酒肆花街
坐满了羽林郎吏，看骑马跨雕鹰的
是王孙贵公子。乐府的歌吹飘过宫墙，
明光宫远望着长乐的楼台馆阁。
晓磬一声敲，六宫的妃嫔传动蜡烛，
满朝集会起玄冠，彩绶，黼黻，玉珪，
貂蝉和银珰；未央回龙的宫阙
响起太鼓金钟；华毂的云盖车集在
宫门，听玉堂传呼出金马的待诏。
未央前殿下班列着猛将忠臣，在
这里盘转机枢便决定了一切
人间的命运。他们东吞了秽貊，
南下过牂牁，北封燕然又禅过姑衍，
他们要囊括四海，席卷八荒，都因为
这是先祖先宗遗留的责任。

大宛拒绝了汉武帝对于"宝马"的要求，于是导致战争：

太初元年，这一天远使回了国，
奏上中书说："为大宛的刁蛮有辱了
君命。大宛王诈留下锦绣缯帛，

强夺了钱宝,在使者车令的席前
椎毁了金驹;逃过郁成又遭了劫掠。
他们说北边有强胡挽着雕弓,
南傍天山又缺乏水草,汉军插翅也
飞不过流沙,怕什么汉皇?不献宝马!"
天子沉下了脸,推开玉几,传侍中
立刻命御史按兰台诏拜李广利
去西伐大宛。虎符班发了六千铁骑,
步戎编制起几万壮士;转天五鼓
齐集在渭水桥边看贰师将军
亲受了斧钺。将军被着锁子铠,
头顶上闪亮着金兜,勒白马高声
喊出誓词:"为争汉家社稷的光荣,
男儿当万里立功名。这一程
不屠平贵山,无颜再归朝见天子。"
鼍鼓一声敲,万人欢呼齐冲上
云霄,旌旗摇乱了阳春的绿野。
将军站在高坛上检阅过全师,
渭水边排设下四五里牛羊的飨宴,
文武官员们奉上玉爵;天子叹
解开羁绳才知道将军本是条猛虎。

不想贰师将军败退到玉门关外,军报传来,天子大怒:

拍案叫草急诏,李广利

不许偷进玉门,叫他在塞外屯兵等候!
明早五更招齐了公卿:"朕到如今
举兵三十年没受过这等侮辱。
别叫绿眼红毛的看不起汉天子,
朕要推倒昆仑碾碎你们的骨肉!"

汉武帝下令增派部队,仍由李广利统领,再次西征。

这十几万大军陆续开行,循渭水,
出陇西,走上了万里长征的路。
曲折逶迤,连绵着百多里的兵马,
后队的铙歌还未唱过洮河,删丹山
已敲遍了前锋的鼙鼓。这一路
踏着深秋的落叶,衰黄的枯草已
抖满了寒山,寒山顶上的野松林
刮动黑风,塞外早落下无情的冷雨。
回头看贺兰山上一片片野云飞;
沧沧的黑水向荒沙滚着呜咽的浪;
大雪山黑峰挟着白峰,重重叠叠
直叠进了云峦;从破晓到黄昏
山山谷谷听不尽的哀猿的长啸。
有时午夜远远有羌笛,似怨似愁,
吹冷了祁连峰顶上的一轮白月。
才知道一天天远了家乡,一天天
远了,远了家乡的父母和妻子。

远征军在途中遭遇了强烈的沙尘暴。诗人是这样描绘当时情景的:

> 这一天正赶着路,忽然领头军
> 一阵金钲,全军前后扎住了兵马。
> 抬头看,天空找不到一块飞的云,
> 却丢失了太阳,黄沉沉的似雾,
> 似烟,也分不清是进了什么季候。
> 飞马传下了令,叫"准备暴风!"
> 一时全军都慌了手脚。骑兵卧下马,
> 马外挡住橐驼,教辎轿车轴交轴
> 团团都围起了桃花锁链。干沙里
> 掘起了洞埋下行囊,紧堵住车轮
> 堆起了粮驮茭稿。只听见不知是
> 天和地的那一面边缘上远远地
> 像沉雷,闷塞的呻吟,又带着长长的
> 屠杀似的尖号,扑来了无边无极的一阵
> 凶蛮的喧塞。一转眼打着旋的风飙
> 卷到眼前,半空里只像是厚沉沉
> 一片呼啸,似恶鬼狂魔挥动蛮凶的巨翼,
> 驱逐着一大群狒狒吼,狼嚎,和野虎的
> 咆哮,浑沌沌的撼着地,摇着薄的天,
> 弥天扫下了坚硬的石雹和沙雨,
> 铜盔和铠片上叮叮敲乱了盖头钉,
> 喧扼着咽喉,剥着肌骨。大漠的黄沙

卷着螺旋飞上了天，满天的黄沙
又似坍崩了日月星辰狂塌下大地。

这样的气候异变，也造成了部队的减员：

将军叫重点人畜：
到傍晚军校都相对无声地苍冷了脸，
默默低头把军簿册捧上了幕府营，
将军在无言的凄怆里滴下了热泪。

次日继续西行时，

回头看昨日的残营，分不清是牛马
是人，只乌鸦鸦一大片僵埋的死体尸。

历经苦战，终于得到了"宝马"，李广利的部队东归汉地：

玉门关都尉检点这凯旋军，怎么？
怎么只有瘦马七千，和一万来名
凹着颊拖着腿的像幽魂的老骑士？
怎么，宝马？没留神宝马也混进了关，
怎么没看见玉眼，金蹄，脊梁上汪着血？

李广利军却也并不是一路踏着血泊西进。他们在姑师国受到了款待，部队得到休整，补充了给养。这可能也是汉朝人在西域外交成功的突出一例，尽管是在大军压境的情形下得到的亲和接待：

> 这一晚姑师全城都燃起红烛，金灯，
> 打初更便喝缺了全国的蓄酒。姑师王说：
> "我们到今天才真见识了大汉的威严，
> 难怪朝鲜亡了国，匈奴北退过余吾水！"

酒后，又安排了热烈欢快的舞乐表演。

> 国王叫献鼓乐：一对对琵琶，弦鼓和
> 小箜篌，拥出一队队紧袖长裙的舞伎，
> 软软地弯着腰，手里擎着梅花枝，
> 在金碧的烛光里舞成了翻花
> 碎月的舞。导军王恢低声说："胡姬敢自
> 也有丰姿呢。"将军叹口气，"骏马和宝刀
> 到底敌不过眉黛红胭脂，来得是美！"

大宛一役，据说大大振奋了汉王朝的军威：

> 大宛四载的征伐，消息传遍了葱岭西，
> 葱岭东，传遍了羌胡和天山南北。
> 流传的故事说大汉的长安城中
> 坐着一位人皇，是上帝的儿子，
> 他三个头，六条膀臂，他会说一种
> 神奇不可解的语言：他说要风，

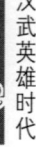

大漠上就卷起了昏黑的风；他说
要西征，半天的黄云里就飞落下
千百万神兵和雨点儿似的箭；
他说要神山，大海里真就飘出了
三座神山，飘进黄河，泊在昆明池里。
西国的烂兵马哪能够敌得他强？
让我们赶紧带了珍宝快到长安
去祈求他给我们锦绣，丝绸，和钱币。

汉画像石舞蹈说唱

中国文学艺术的一个收获季节

鲁迅《汉文学史纲要》评价"武帝时文术之盛",说汉武帝"早慕词赋,喜'楚辞'","复立乐府"。"文学之士,在武帝左右者亦甚众。"汉武帝不仅在文化建设方面有特别显著的功绩,他本人的"文采",历代也多有学者加以赞扬。"其所自造,如《秋风辞》《悼李夫人赋》等,亦入文学堂奥。"

汉赋的成就

汉武帝时代是中国文学的一个丰收的季节,是中国古代文化的盛世。

汉赋的成就,在当时的文化收获中最为辉煌夺目。

赋,是从骚体演变而来的散文和韵文并用的文体。赋的成就,也继承了先秦诸子散文巧文多智的特色。

汉赋,当时是文学的壮流。《汉书·艺文志》著录文学成就"诗赋百六家,千三百一十八篇"中,有"屈原赋二十五篇"等"赋二十家,三百六十一篇","陆贾赋三篇"等"赋二十一家,二百七十四篇","孙卿赋十篇"等"赋二十五家,百三十六篇","《客主赋》十八篇"等"杂赋十二家,二百三十三篇"。总共多达78家,占诗赋总合的73.58%。篇数合计多至1004篇,占诗赋总合的76.18%。其中除个别先秦和"秦时"作品外,均为西汉作品。

西汉早期的赋,如贾谊的《吊屈原赋》《服鸟赋》等,都借物抒怀,意境深沉。枚乘的《七发》,开汉武帝时代长篇赋的先河。

汉武帝时，赋的创作走向全盛阶段，名家名作迭出。其中最为著名的是司马相如及其作品。他的《子虚赋》和《上林赋》，是这一时期赋作中有代表性的精品。这些赋以气势恢廓，景物迷离，辞藻华美而绮丽为特征，正反映了当时文化气度的宏阔广大，时代精神的豪迈勇进，物质生活和精神生活的丰富多彩。

方铭先生在分析汉赋的文化内涵和艺术风格时，强调其色彩特色，有"色彩绚烂，气势雄奇，醉人心魄，迷人魂梦"，"绚丽而不失深沉"等评价，称赞其"鲜明而丰富的色彩夺人目精"。在对汉赋的典范进行讨论时，又有"形象生动"的"彩色的骚体句式"诸语。汉赋的华丽风格，是和当时社会文化的主流气象相一致的。

《汉书·艺文志》著录的汉武帝时代比较著名的赋作家和赋作品，大致有：

枚乘赋九篇。

司马相如赋二十九篇。

淮南王赋八十二篇。

淮南王群臣赋四十四篇。

太常蓼侯孔臧赋二十篇。

吾丘寿王赋十五篇。

上所自造赋二篇。

兒宽赋二篇。

枚皋赋百二十篇。

常侍郎庄忽奇赋十一篇。

严助赋三十五篇。

朱买臣赋三篇。

宗正刘辟强赋八篇。

司马迁赋八篇。

广川惠王越赋五篇。

平阳公主舍人周长孺赋二篇。

当代研究古代文学史的专家们收辑的《全汉赋》中，汉武帝时代的作品则有：枚乘的《七发》《梁王菟园赋》《临灞池远诀赋》《笙赋》《柳赋》，邹阳的《酒赋》《几赋》，公孙乘的《月赋》，路乔如的《鹤赋》，公孙诡的《文鹿赋》，羊胜的《屏风赋》，刘安的《屏风赋》《薰笼赋》，司马相如的《子虚赋》《上林赋》《哀二世赋》《大人赋》《美人赋》《长门赋》《梨赋》《鱼葅赋》《梓桐山赋》《难蜀父老》，董仲舒的《士不遇赋》，孔臧的《谏格虎赋》《杨柳赋》《鸮赋》《蓼虫赋》，中山靖王刘胜的《文木赋》，汉武帝刘彻的《李夫人赋》，东方朔的《非有先生论》《答客难》，司马迁的《悲士不遇赋》等。

《文心雕龙·诠赋》说："赋者，铺也，铺采摛文，体物写志也。"汉赋是怎样"体物"的呢？对于"体物"，《文心雕龙·比兴》的表述是"图状山川，影写云物"。汉赋确实十分注重对自然景观的描绘。有学者因此说："汉赋有绘形绘声的山水描写，是山水文学的先声。"（康金声《汉赋纵横》）我们借助汉赋"写物图貌，蔚似雕画"的功夫，可以了解当时人生活的情境，有今人难以想象的自然美。《文心雕龙·诠赋》说，在"京殿、苑猎、述行、序志，并体国经野，义尚光大；既履端于倡序，亦归余于总乱"之外，汉赋的内容，"至于草区禽族，庶品杂类，则触兴致情，因变取会"。汉赋作者的笔触涉及自然生态，确实有"兴"有"情"，而且往往由较为平易的风格，透露出更为亲近的深忱厚意。汉赋作者如《文心雕龙·物色》所说，往往"窥情风景之上，钻貌草木之中"，习惯以物喻情，于是在文学批评家的眼中，不免"'葳蕤'之群积"，有"青黄屡出，则繁而不珍"的弊病。不过，我们从社会生活史的视角考察，却不能不珍惜相关的文字，因为其中对于当时人的生活场景和生活态度的体现，虽然细碎，然而真实。

枚乘《柳赋》写道："忘忧之馆，垂条之木。枝逶迟而含紫，叶萋萋而吐绿。"又如孔臧《杨柳赋》："绿叶累迭，郁茂翳沉，蒙笼交错，应风悲吟。"汉人赋作中对"绿"色的歌咏，并不仅仅表现出对生命力的爱重。作者对"绿"的赞美，往往还深含着一种对自然总体环境的亲和之心。枚乘《梁王菟园赋》所谓"枝叶荣茂"，刘胜《文木赋》所谓"丽木离披"等，都把自然生机的丰满和轻盈，充实和绮丽，萌动和生长，以简洁的文字，描绘得十分活泼新鲜。公孙诡《文鹿赋》："麀鹿濯濯"，"呦呦相召"，"来我槐庭，食我槐叶"。路乔如《鹤赋》："白鸟朱冠，鼓翼池干。""方腾骧而鸣舞，凭朱栏而为欢。"从汉代画像遗存中，可以看到"纵养"禽鸟的风习。汉赋所见麀鹿"来我槐庭"和白鹤"凭朱栏而为欢"的情形，也体现了汉代人生活情境中与自然的亲近。

汉武帝时代赋作的"闳侈巨衍"，如果分析其文化背景，人们都会注意到当时社会追求闳大和豪壮的时代精神，确实对文学风格也产生了影响。

司马相如及其赋作

反映汉武帝时代人们的自然观的赋作，还有司马相如的作品。

司马相如《子虚赋》说到"蕙圃"所生，有"衡兰芷若，芎䓖昌蒲，江蓠蘪芜，诸柘巴且"，关于云梦地方，"其高燥则生葴析苞荔，薛莎青薠。其埤湿则生藏莨蒹葭，东蘠雕胡，莲藕觚卢，菴闾轩于"。原始森林中，"则有阴林巨树，楩楠豫章，桂椒木兰，檗离朱杨，樝梨梬栗，橘柚芬芳"。在《上林赋》中，除了山岭上的"深林巨木"外，他对大泽广原的草色也使用了相当多的笔墨："掩以绿蕙，被以江蓠，糅以蘪芜，杂以流夷。專结缕，欑戾莎，揭车衡兰，槀本射干，茈姜蘘荷，葴橙若荪，鲜枝黄砾，蒋茅青薠，布濩闳泽，延曼太原，丽靡广衍，应风披靡，吐芳扬烈，郁郁斐斐，众香发越，肸蚃布写，晻薆苾勃。"园林的繁荣，"扬翠叶，扤紫茎，发红华，秀朱荣，煌煌扈扈，照曜钜野"。自然的绿色，在人们的视野中，"视之无端，究之亡穷"。

司马相如《上林赋》又写到上林湖泽的水鸟："鸿鹔鹄鸨，驾鹅属玉，交精旋目，烦鹜庸渠，箴疵䴔卢，群浮乎其上。汎淫泛滥，随风澹淡，与波摇荡，奄薄水渚，唼喋菁藻，咀嚼菱藕。"学者姜书阁在《汉赋通义》中批评汉赋"闳侈巨衍"，"重叠板滞"的重大缺点时，依然承认《上林赋》写水禽一段"是很值得称赞的"。

司马相如是西汉最著名的赋作家。他的作品最典型地反映了汉赋的特征。

司马相如之所以千古闻名，还在于他那富有浪漫色彩的情感经历。

司马相如是蜀郡成都（今四川成都）人。少年时喜好读书，曾经学习击剑，因为仰慕蔺相如的道德才华，自己改名为"相如"。他曾经在汉景帝时代为郎，后来客游梁地，成为梁孝王身边文学团体中的一员。《子虚赋》就是这一时期的作品。

梁孝王去世之后，司马相如回到家乡，因贫穷无以为业，不得不投靠在临邛（今四川邛崃）任县令的朋友。在一次富人卓王孙举办的宴会上，司马相如承友人之邀，抚琴奏曲。卓王孙的女儿卓文君新寡，又好音乐。司马相如以琴声致意。据说琴音蕴含诗意："凤兮凤兮归故乡，遨游四海求其皇。有艳淑女在此堂，室迩人遐毒我肠。何缘交接为鸳鸯。""凰兮凰兮从我栖，得托子尾永为妃。交情通体心和谐，中夜相从知者谁。"卓文君窥视相如，心生爱慕，于深夜离家出走，私奔相如。司马相如于是和她驰车返回成都，而家中徒有四壁。卓王孙大怒，说：女儿没出息，我不忍心杀她，但是我的财产，绝不分给她一钱！

司马相如和卓文君又回到临邛，卖了车骑，买了一个酒店经营。卓文君当垆操作，司马相如身穿奴婢的衣服，当市洗酒杯。卓王孙深以为耻，闭门不出。后来终于听从了别人的劝告，分给卓文君奴僮百人，钱百万。卓文君于是和司马相如回到成都，买田置宅，成为富人。

唐代诗人卢照邻《相如琴台》诗写道："闻有雍容地，千年无四邻。园院风烟古，池台松槚春。云疑作赋客，月似听琴人。寂寂啼莺处，空伤游子神。"杜甫有《琴台》诗，也回忆了司马相如的故事："茂陵多病后，尚爱卓文君。酒肆人间世，琴台日暮云。野花留宝靥，蔓草见罗裙。归凤求皇意，寥寥不复闻。"可见司马相如演奏而卓文君倾听的浪漫琴声，流韵千古，弥久不歇。

蜀人杨得意是在汉武帝身边任管理猎犬的狗监。一天，汉武帝读《子虚赋》，深心欣赏，感叹道：我怎么就不能和此人同时呢！杨得意说：臣的同乡司马相如说这篇赋就是他写的。汉武帝于是召问司马相如，相如说，确曾作此赋，又表示"请为天子游猎赋，赋成奏之"。完成之后，汉武帝读了，也从内心赞赏。所谓司马相如"天子游猎赋"，就是那篇著名的《上林赋》。

据说司马相如口吃，不善言谈，但是善于著述。他曾经在朝廷任职，然而不追求官爵，后来称病，在茂陵闲居。

司马相如为赋，曾经极言帝王贵族生活之浮华奢丽，同时又批评说：淫乐侈靡的风气，其实是应当予以坚决否定的，相互就奢侈荒淫相攀比、相竞赛，并不能够宣扬名誉，相反只能自贬自损。司马相如这种委婉的批评，受到司马迁的重视的。他在《史记·司马相如列传》的最后，以"太史公曰"的口气说道："相如虽多虚辞滥说，然其要归引之节俭，此与《诗》之风谏何异？""余采其语可论者著于篇。"在这里，司马迁和司马相如对于最高统治阶层浮侈之风的批判，产生了思想的共鸣。

大隐金门东方朔

东方朔，是汉武帝时代一位具有特殊性格的人物。

在《汉书·艺文志》中，有"《东方朔》二十篇"。有现代学者辑录东方朔的著述，仍然多达十四种。（傅春明辑注《东方朔作品辑注》）

东方朔作为汉武帝身边的臣子，能够多次对身为天下之尊的帝王直接发表批评意见。

有人曾经建议扩大皇家园林上林苑的规模。汉武帝深表赞同。东方朔却说，关中土地肥沃，物产丰富，成为百姓维持生活的资本，现在取良田规划为苑囿，对国家没有益处，却使农桑之业大受侵夺。虎狼狐兔的生存空间扩大了，百姓的田园屋舍却受到破坏，让幼弱者思念故土，年长者泣涕而悲，这实在是违背了强国富民的国策啊。东方朔的意见虽然没有被采纳，却被记录在史书之中，后来的执政者可以时时由此受到警诫。

汉武帝时，天下习俗追逐侈靡，有虚华之风，而不注重开发实业。汉武帝问道，我要扭转风习，教化百姓，有什么好办法吗？东方朔在回答时以汉文帝为标范，赞美这位著名的崇尚节俭的帝王富有四海，而衣食器用都十分朴素，于是天下望风成俗，昭然化之。与此对比，东方朔尖锐地批评了汉武帝本人宫室服用的富丽豪华，说道：陛下消费浮侈如此，而想要让民众不奢侈失农，是很困难的啊！

东方朔的政治批评，通常是以幽默的方式巧妙表达的。

有一次，汉武帝问道，先生视朕是何等样的君主？

东方朔回答：自先古圣王唐虞之盛世，以及周代成康之世，都不足以比喻现代的繁荣安定。现在政局，比三王时代要好，也优越于五帝时代。不仅如此，现在能够得天下贤士，高级官员都得其优选，好比任用周公、召公作丞相，以孔丘为御史大夫，姜太公为将军，皋陶为大理，后稷为司农，子夏为太常，伯夷作京兆尹长官，管仲作左冯翊长官，百里奚为典属国，柳下惠作大长秋，孙叔敖作诸侯相，子产作郡守……

汉武帝于是大笑。

对于权贵者的霸权意识，东方朔曾经用富有生活辩证法的语言予以调侃。他说，干将、莫邪，是名闻天下的利剑，能够水上断鹄雁，陆上断马牛，但是用它们来补鞋子，却不如价值只有一钱的锥子。骐麟、绿耳、蜚鸿、骅骝，是名闻天下的良马，但是用它们来捕捉深宫之中的老鼠，却不如一只瘸腿的猫。

东方朔往往有怪诞的言论行为。他曾经当面顶撞汉武帝，又曾经在汉武帝赐宴之后将剩下的食品揣在怀中带走，甚至酒醉之后，在殿堂上撒尿。

一次，汉武帝赐随从官员肉食，主持分配的上司迟迟不来，东方朔独自拔剑割肉，对同事说：今天是伏日，应当及早回家，请受赐。于是取肉扬长而去。上司报告汉武帝说东方朔如此这般不守规矩。第二天，东方朔上朝，汉武帝问道：昨日赐肉，是何原因竟不待诏，以剑割肉而去之？东方朔脱帽致歉。汉武帝说，先生你也应该作点自我批评吧。东方朔行拜礼，说道：东方朔啊，东方朔！你受赐不待诏，何其无礼也！拔剑割肉，又何其壮也！割之不多，又何其廉也！回家交给妻子，又何其仁也！汉武帝于是大笑道，让你自我批评，竟反而自我吹嘘！又赐酒一石、肉百斤，让他带回家交给妻子。

在本来应该自我批评的时候反而自我吹嘘，东方朔用生动的形式对这种政治生活中常见的现象进行了讽刺。

东方朔言行不凡，许多人称之为"狂人"。东方朔则说，古代隐士，避世于深山之中。像我这样的，却是避世于朝廷之中啊。他曾经于酒酣之后，据地而歌："陆沉于俗，避世金马门，宫殿中可以避世全身，何必深山之中，蒿庐之下。"说的也是这个意思。

金马门是宦署门。因为门旁有铜马,所以称作"金马门"。

东方朔承认自己的滑稽笑语,其实是一种巧妙的"避世"方式。他对当时政治的机智的批评,其中有时暗藏着原则性的反对意见。东方朔的滑稽,有时其实是不同政见的表现。

对于东方朔这样的人物能否宽容以待,也是测定汉武帝时代的政治气象的一个有趣的小小指标。

鲁迅在《汉文学史纲要》第九篇总结汉武帝时代文学之盛时写道:"文学之士,在武帝左右者亦甚众。"而东方朔在"尤见亲幸"中名列第一。汉武帝曾经说道:"顾东方朔多善言。"(《史记·滑稽列传》褚少孙补述)看来,他是以文学之士的特殊智慧使自己的批评得以为帝王接受的。

陈直曾经著文论述西汉时期齐鲁文化人的学术艺术成就,题为《西汉齐鲁人在学术上的贡献》,凡举列九种,而其中第三种,就是"东方朔的文学"。他说,"东方朔长于散文","具有优美的文学创造性","亦西汉中期之作家也"。

可见,东方朔是一位全面的人才。也可能正是如此,《汉书·艺文志》把他列为"杂家"。

李白的《玉壶吟》诗,涉及东方朔事迹:

烈士击玉壶,壮心惜暮年。
三杯拂剑舞秋月,忽然高咏涕泗涟。
凤凰初下紫泥诏,谒帝称觞登御筵。
揄扬九重万乘主,谑浪赤墀青琐贤。
朝天数换飞龙马,敕赐珊瑚白玉鞭。

世人不识东方朔，大隐金门是谪仙。
西施宜笑复宜颦，丑女效之徒累身。
君王虽爱蛾眉好，无奈宫中妒杀人。

东方朔能够"揄扬九重万乘主，谑浪赤墀青琐贤"，敢于调侃皇帝，其实是既有大智，也有大勇。

乐府：一种文化制度，一种文化风格

乐府诗，是中国古代文学宝库中极有价值的宝贵遗产。

乐府本来是政府的音乐机构，其最初设立可能在汉武帝以前。汉武帝任用李延年为协律都尉，主持编制庙堂乐歌，歌词主要由文人编写。同时，乐府广泛地在民间采风配乐，赵、代、秦、楚等地的民间歌谣，都是乐府采集的主要对象。乐府采集的民歌，经过加工配乐，就称为乐府诗或乐府。乐府诗的出现，是中国文学史上的一件大事。

乐府采集的民歌，多有民间优秀作品，其内容往往真切地反映了社会生活，表述了民众情感，因而新鲜生动，富有感染力，从而也具有了珍贵的艺术价值。这一部分乐府诗，是秦汉时期文学的最大成就。建安年间的叙事诗《孔雀东南飞》，在乐府中属于杂曲歌辞一类，是这一时期乐府民歌中的杰作。人们在回顾乐府诗创作和传播的历史时，不能不珍视汉武帝时代歌手和文人的历史贡献。

西汉时期已经出现了五言诗。东汉时，在乐府民歌的影响下，出现了一些模仿乐府创作的五言诗。这些作品与乐府诗相比，一般篇幅较长，叙事较曲折。《文选》所收录的《古诗十九首》，其中的大部分，都是东汉创作的五言诗。我们现在所看到的最早的五言诗，多托名于汉武帝时代的人物，如题为苏武和李陵赠答的五言诗，这也是值得我们注意的。

清代学者有"汉武乐府，壮丽宏奇"的评价（郎廷槐《师友诗传录》），应当理解为对汉武帝时代以"乐府"为标帜的文化成就的肯定。不过，"壮丽宏奇"，也许并不是汉武帝时代乐府作品的主要特征。

《汉书·礼乐志》说，"至武帝定郊祀之礼，祠太一于甘泉，就乾位也；祭后土于汾阴，泽中方丘也。乃立乐府，采诗夜诵，有赵、代、秦、楚之讴。以李延年为协律都尉，多举司马相如等数十人造为诗赋，略论律吕，以合八音之调，作十九章之歌。以正月上辛用事甘泉圜丘，使童男女七十人俱歌，昏祠至明。夜常有神光如流星止集于祠坛，天子自竹宫而望拜，百官侍祠者数百人皆肃然动心焉"。汉武帝扩充乐府机构编制，在各地采集民歌，又让司马相如等文士制作新歌，是服务于祭祀活动的。于是，祠坛之上，神光止集，皇帝亲自望拜，歌乐唱奏，营造了神秘的宗教文化气氛，在场的人都不能不为之动情。

对于所谓"采诗夜诵"，唐代学者颜师古解释说："夜诵者，其言辞或秘不可宣露，故于夜中歌诵也。"以为其中言辞可能有不宜公开的内容，所以要在夜间歌诵。这样的解说，并不是合理的。其实，这里所说的"夜诵"，只是因为某些祠祀活动是在夜里进行。比如，"以正月上辛用事甘泉圜丘，使童男女七十人俱歌，昏祠至明"。仪式的进行，从黄昏直到黎明。

赵敏俐《周汉诗歌综论》指出："汉武帝利用'新声变曲'

为郊祀之礼配乐，客观上等于承认了从先秦以来就一直难登大雅之堂的世俗音乐——新声（郑声）的合法地位，这为其在汉代顺利地发展铺平了道路。从艺术生产的角度讲，是借助了官方力量，推动了从先秦以来就已经产生的世俗音乐——新声（郑声）的发展。"这样的评论，是大体准确的。汉武帝以活泼的郑声充实贫乏的雅乐，是有文化革新意义的进步举措。

郑声，早在春秋时代就遭到大学者孔夫子的严厉贬斥。《论语》引用孔子的话说："恶紫之夺朱也，恶郑声之乱雅乐也。"他看不惯人们喜好本非正色的紫色竟然超过了红色，看不惯人们喜好本非正音的郑声而干扰了雅乐的影响。孔子又因为"郑声淫，佞人殆"而主张"放郑声，远佞人"，以为应当摈弃郑声，疏远佞人，这是因为郑声倾向于淫荡，佞人会导致危亡。对照这样的儒学训导，可以理解汉武帝对于礼制在文化风格方面的革新，是怎样的勇敢。

《汉书·礼乐志》还说，汉武帝时，"今汉郊庙诗歌，未有祖宗之事，八音调均，又不协于钟律，而内有掖庭材人，外有上林乐府，皆以郑声施于朝廷"。不仅祠祀用乐，当时"朝廷"上下演奏的乐曲，都回荡着郑声。

事实上，在汉武帝之后，西汉晚期的帝王们就对乐府制度逐渐修正。汉宣帝时，博士谏大夫王吉就曾经建议裁减乐府设置。《汉书·宣帝纪》载，汉元帝时，宣布乐府裁员。汉宣帝本始四年（前70）宣布"乐府减乐人，使归就农业"。《汉书·元帝纪》：汉元帝初元元年（前48）宣布"减乐府员"。汉哀帝时，又将"郑声尤甚"和社会风习的"淫侈过度"联系起来，据孔子"放郑声，郑声淫"的主张，下令废除了乐府官。《汉书·哀帝纪》的记载是：绥和二年（前7）六月，"郑声淫而乱乐，圣王所放，其罢乐府"。

不过，由于汉武帝乐府倡起的音乐风格已经在百姓中流行长久，官方又没有制作雅乐予以替代，"豪富吏民湛沔自若"（《汉书·礼乐志》），有条件的民户依然享用着郑声带来的愉悦和浪漫。

音乐家李延年

李延年，中山（今河北定州）人。其全家都以艺术为生，父母兄弟和他本人都是身份低下的表演艺术家"倡"。李延年曾经犯罪，被处以腐刑，后来得以在宫廷服务。他的妹妹得汉武帝恩宠，号李夫人。

李延年善于声乐，在音调声情的运用上有所创新。

唐人梁锽《戏赠歌者》诗写道："白晰歌童子，哀音绝又连。楚妃临扇学，卢女隔帘传。晓燕喧喉里，春莺啭舌边。若逢汉武帝，还是李延年。"说到汉武帝爱重音乐才子李延年的故事。

关于李延年地位上升的经过，《汉书·外戚传上·孝武李夫人》写道："孝武李夫人，本以倡进。初，夫人兄延年性知音，善歌舞，武帝爱之。每为新声变曲，闻者莫不感动。延年侍上起舞，歌曰：'北方有佳人，绝世而独立。一顾倾人城，再顾倾人国。宁不知倾城与倾国，佳人难再得！'上叹息曰：'善！世岂有此人乎？'平阳主因言延年有女弟，上乃召见之，实妙丽善舞。由是得幸。"李延年有音乐天赋，熟悉音律，善于歌舞，为汉武帝所喜爱。他受到欣赏，并非仅仅由于汉武帝的偏爱，据说他每每创作新曲，听到的人没有不为之感动的。

李夫人得以专宠，竟然也是由于李延年的歌舞。

长期以来，人们认为李延年因为李夫人而受宠，将他看作嬖臣。其实他受到重用，主要是因为自己独有的音乐才华。《通志略·乐略一》说到《李延年歌》，应当是这位音乐家作品的遗存。《乐府诗集》中所收《李延年歌》，就是那一名曲："北方有佳人，绝世而独立。一顾倾人城，再顾倾人国。宁不知倾城与倾国，佳人难再得！"

当时，汉武帝方兴天地之祠，需要新的庙堂音乐。李延年在司马相如等作诗颂的基础上，领会汉武帝的旨意，用心配以新声曲。在李夫人生了昌邑王之后，李延年地位更为上升，贵为协律都尉，佩二千石印绶，受到汉武帝的特殊宠信。

后来，李延年的弟弟与宫女淫乱，出入骄恣。又加上李夫人去世，李广利投敌，李延年的宗族走向覆灭。

张祜《宫词》有这样的诗句："自倚能歌日，先皇掌上怜。新声何处唱，肠断李延年。"也借赞赏宫中"新声"，回顾了李延年提升宫廷音乐艺术层次的事迹。又如殷尧藩《汉宫词三首》之三：

骏马金鞍白玉鞭，宫中来取李延年。

承恩直日鸳鸯殿，一曲清歌在九天。

李延年以艺术才华"承恩"的情形，得到富有艺术性的笔法的描绘。

明代名士唐寅《相逢行》写道："相逢狭邪间，车窒马不旋。虽言异乡县，岂非往世缘。脱毂且卷鞭，高揖问君廛。女弟新承宠，阿兄李延年。何以结欢爱，渠碗出于阗。女萝与青松，本是当缠绵。"兄妹一同"承宠"，成为西汉中期宫廷活剧中生动的一幕。在歌舞艺术史上，李延年兄妹的表演和创作，留下了富有价值的纪念。

汉武帝"略输文采"?

毛泽东《沁园春·雪》有"惜秦皇汉武,略输文采"的名句。汉武帝得"武"字谥号,自然是因为在军事方面功业显赫,正如清代学者赵翼评价汉武帝时所说:"帝之雄才大略,正在武功。"然而,正如前文所述,班固在《汉书·武帝纪》的赞语中,却着力宣扬了他在文治方面的成就。对于他的武功,除了"举其俊茂,与之立功"句中的"立功"二字可以理解为一种暗示以外,似乎不愿评价。按照赵翼的说法,"是专赞武帝之文事,而武功则不置一词"。

汉武帝不仅在文化建设方面有特别显著的功绩,他本人的"文采",历代也多有学者加以赞扬。

清代大学问家赵翼在他的史学名著《廿二史札记》中,有"汉帝多自作诏"一条,说到"汉诏最可观,至今犹诵述"。这些文辞"可观",古今"诵述"的诏书中,有的是"天子自作"。他举的第一个例子,就是汉武帝。这或许也是班固所说"号令文章,焕焉可述"的表现之一。《文选》中列有多种文体的作品,其中"诏"一类只收录了两篇,都是汉武帝所作。赵翼说汉武帝因为淮南王刘安工于文词,每次回复他的上书,以及致信刘安的时候,都召司马相如等文士帮助润色草稿,吸收他们的意见,修改定稿之后方才发出。后来因此出现了一个专有词汇,叫作"视草"。明代文人张燧的《千百年眼》一书中也有"视草之义"一条。他写道:"汉武帝诏淮南王,令司马相如视草，非令相如代笔也。"张燧随后又批评说，现在专门有官员草拟诏书制诰，代天子笔，却冒称"视草"，然而完全不是古人"视草"的原义，实在是太荒谬了。

我们知道，汉武帝"深陈既往之悔"，沉痛检讨政治过失的著名的"轮台诏"，显然也是绝不可能由别人代笔的。

淮南王刘安是汉武帝叔父辈的长者，为人酷爱读书奏琴，有艺术专好，不喜欢野外游猎以及竞赛犬马之类的贵族游戏。他组织宾客方术之士数千人，著书《淮南鸿烈传》。当时汉武帝也醉心于文学艺术，对于刘安的博学好文多艺，从内心尊重。他不仅与刘安通信慎于文辞，对于刘安入朝时献上的《淮南鸿烈传》内篇，也予以珍藏。

汉武帝曾经请刘安为《离骚》做注解，刘安天亮的时候受诏，早餐的时辰就呈上了定稿。刘安又向汉武帝献上《颂德》和《长安都国颂》。据《汉书·艺文志》著录，刘安的赋作多达82篇。每次宴会，汉武帝和刘安谈论各种学术和赋颂的创作和欣赏，经常到晚上才能结束。许多人只知道汉武帝和刘安是激烈角逐政治权力的对手，却不了解他们也曾经是有共同爱好的忘年的文学之交。

《汉书·艺文志》关于赋的记录中，有"上所自造赋二篇"。唐代学者颜师古以为这里所说的"上"，就是汉武帝。宋代学者王应麟《汉艺文志考证》卷八写道：汉武帝的作品，"《外戚传》有《伤悼李夫人赋》，《文选》有《秋风辞》，《沟洫志》有《瓠子歌》二章"。清代学者沈钦韩指出，《艺文志》所说汉武帝自己创作的两篇赋，就是《伤李夫人》和《秋风辞》。应当注意到，东汉时期成书的《汉书》著录汉武帝所作赋，面对的已经是前代作品，和清代人说乾隆帝诗作不同，不必怀疑记录者有谀美之心。评价应当是大体准确的。

《隋书·经籍志四》著录"《汉武帝集》一卷"，《旧唐书·经籍志下》和《新唐书·艺文志四》著录"《汉武帝集》二卷"，更是历经了六七百年时间检验仍得以保留的文化遗存，自有值得肯定的价值。自先秦至于两汉诸多帝王，只有汉武帝一人有这样的光荣。

《文选》卷四五收录了署名"汉武帝"的《秋风辞》：

上行幸河东，祠后土。顾视帝京，忻然中流，与群臣饮宴。上欢甚，乃自作《秋风辞》曰：
秋风起兮白云飞，草木黄落兮雁南归。
兰有秀兮菊有芳，怀佳人兮不能忘。
泛楼船兮济汾河，横中流兮扬素波。
箫鼓鸣兮发棹歌，欢乐极兮哀情多。
少壮几时兮奈老何！

"欢乐极兮哀情多""少壮几时兮奈老何"等句，富有深意。《秋风辞》字句之中楚风饱满，因此有人说"汉武帝《秋风辞》足迹骚人"（［清］王士禛《渔洋诗话》）。也有人批评："汉武帝《秋风辞》尽蹈袭楚辞，未甚敷畅。"（［宋］魏庆之《诗人玉屑》）然而其艺术感染力之强，是明显的。唐代诗人李贺《金铜仙人辞汉歌》说："魏明帝青龙元年八月，诏宫官牵车，西取汉孝武捧露盘仙人，欲立置前殿。宫官既拆盘，仙人临载，乃潸然泪下。唐诸王孙李长吉遂作《金铜仙人辞汉歌》。"诗的第一句就说到"茂陵刘郎秋风客"。"秋风客"成为汉武帝的代号，正是因为《秋风辞》的缘故。苏轼《过莱州雪后望三山》诗"茂陵秋风客，劝尔麈一杯；帝乡不可期，楚些招归来"句,《安期生》诗"茂陵秋风客，望祀犹蚁蜂；海上如瓜枣，可闻不可逢"句，也是同样的例证。清人王士禛《池北偶谈》卷一一"飞廉馆瓦"条说到元人王恽用汉飞廉馆瓦当制作的砚台写诗，也称汉武帝为"秋风客"："元王文定恽《秋涧集》有《飞廉馆瓦砚歌》，略云'刘郎杳杳秋风客，神鸟冥飞忆初格。豹章爵首尾蟠蛇，建章千门风冽冽'云云。"

明人乔宇《秋风亭下泛舟》写道：

> 荒亭寥落野云空，汉武雄才想象中。
> 箫鼓横流开画鹢，帆樯飞影动晴虹。
> 山分秦晋群峰断，水入河汾两派通。
> 少壮几时还老大，不堪回首叹秋风。

《渔洋诗话》卷下还收录了两首涉及汉武帝《秋风辞》的诗作。其一：

> 千秋脽上见遗祠，武帝雄风自一时。
> 法驾逶迤斋殿启，灵坛飒沓羽旂披。
> 礼成侍从陪游盛，情极君王感物悲。
> 陈迹只今谁髣髴，白云南雁望参差。

其二：

> 东风紫燕入丛祠，河上人家记汉仪。
> 古碣半沦天上水，苍松全折雨中枝。

依稀三烛流光夜,想像千官立仗时。

最喜啼莺犹未歇,看花一路到汾脽。

明清时代多有因《秋风辞》而发表感想的诗作,都反映汉武帝这一作品的文化流韵,历千百年后依然有深入人心的影响。于是诗人在面对"秋风""箫鼓""野云""南雁"时,心中涌起对"汉武雄才""武帝雄风"的深切感怀。

元代学者刘诜《桂隐文集》卷二《夏道存诗序》写道:"诗之为体",从《诗经》之后,自李陵、苏武《送别河梁》至无名氏《十九首》、曹魏六朝、唐代韦庄和柳宗元为一家,称为"古体"。自汉《柏梁》《秋风辞》逐渐演进到唐代李白和杜甫为一家,称为"歌行"。又说,"古体非笔力遒劲高峭不能,歌行非才情浩荡雄杰不能"。这种说法,肯定了汉武帝诗之"才情浩荡雄杰",也指出了这些作品作为"歌行"一体之起源的地位。又有人说"至汉武帝赋《柏梁》诗而七言之体具"([唐]元稹《唐故工部员外郎杜君墓系铭》),"七言起于汉武《柏梁》"([宋]严羽《沧浪诗话·诗体》),"七言起于汉武《柏梁》诗"([元]吴皋《吾吾类稿·原叙》),从另一个方面表扬了汉武帝开创一种新诗体的功绩。

汉武帝曾经宠爱李夫人。《汉书·外戚传上·孝武李夫人》记载,李夫人去世后,汉武帝非常思念她,有方士以方术招其神魂。汉武帝只能遥望,更加相思悲感,于是吟叹出著名的诗句:

是邪,非邪?

立而望之,

偏何姗姗其来迟!

宋代学者叶适《习学记言》曾经批评"汉武伤李夫人诗词"和李延年《佳人》歌以及司马相如词赋等都是一路货，并且以"孔子曰'吾未见好德如好色者也'"加以指责。鲁迅《汉文学史纲要》对汉武帝的这一作品则有肯定的评价："随事兴咏，节促意长，殆即所谓新声变曲者也。"对汉武帝的文采，则有"亦入文家堂奥"之说。此中所见对待真实情感的不同态度，体现了不同历史阶段时代精神的强烈反差。至于被收入《全汉赋》的唯一一篇汉武帝名下的真正的赋作《李夫人赋》，其中"饰新宫以延贮兮，泯不归乎故乡；惨郁郁其芜秽兮，隐处幽而怀伤"等句，以及篇末"去彼昭昭，就冥冥兮；既下新宫，不复故庭兮；呜乎哀哉，想魂灵兮"的感叹，感情的真切和文辞的质朴，都值得赞赏。

宋代学者苏辙曾经在进献给宋神宗的《进御集表》中写道：臣伏观历代帝王，如汉武帝刘彻、魏文帝曹丕，以及唐德宗、唐文宗、唐宪宗等，都"工于诗骚杂文"，可以和当时的文士比试高低。汉武帝在"工于诗骚杂文"的帝王中位列第一，首先是因为他生活的年代最早。但是就他的基本文学素质而言，名居榜首也是理所当然的。

许多历史文化信息告诉我们，汉武帝可以说是历史上一位少见的富有"文采"的帝王。班固"卓然""焕焉"云云，是基本符合历史实际的。而毛泽东词作中所说汉武"略输文采"，则是和"今朝"的"风流人物"相比照，视角有所不同，评价之新异，也是因为站在新时代的文化立场上。

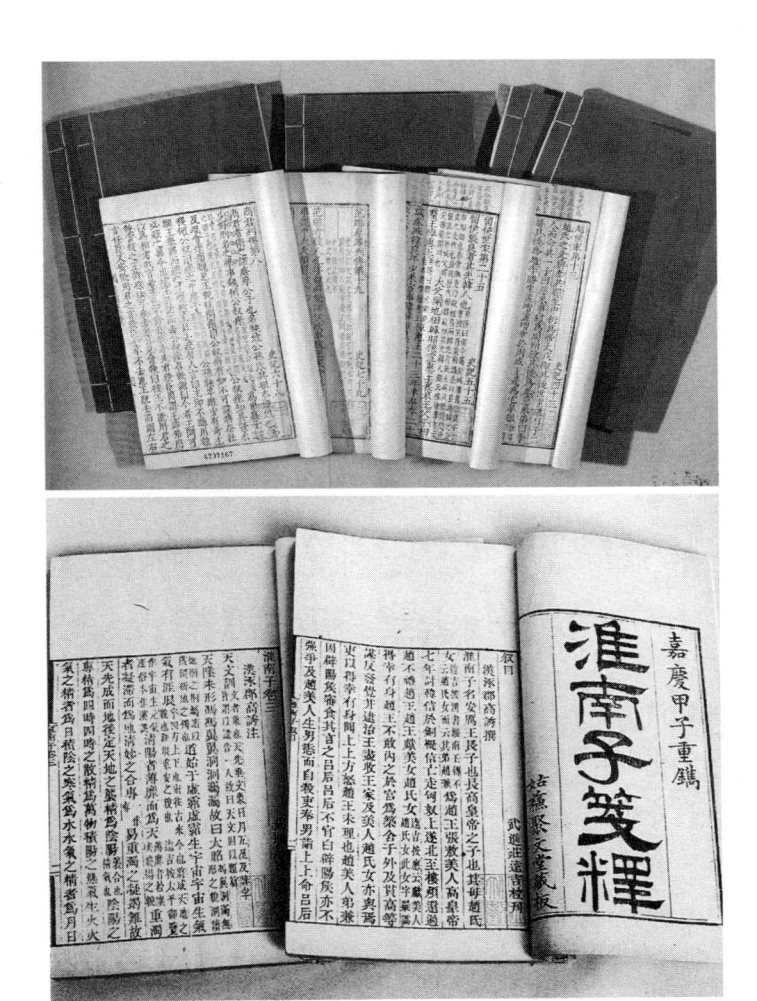

《史记》《淮南子》书影

中国文化的两座历史高峰

> （淮南王刘安）好书，鼓琴，招致宾客方术之士数千人，作为《内书》二十一篇，《外书》甚众；又有《中篇》八卷，言神仙黄白之术，亦二十余万言。时武帝方好艺文，以安为诸父，辩博善文辞，甚尊重之。……（司马迁）恨为弄臣，寄心楮墨，感身世之戮辱，传畸人于千秋，虽背《春秋》之义，固不失为史家之绝唱，无韵之《离骚》矣。
>
> ——鲁迅《汉文学史纲要》

刘安·《淮南子》

在中国古代思想史中，汉武帝时代是成就宏富、内容多彩的历史阶段。除了儒学成为统治者奉为正统的思想吸引了诸多学人从事研究、充实、发展的工作而外，其他一些思想成果也值得重视。

《汉书·淮南厉王刘长传》载，淮南王刘安是当时皇室贵族中学术修养较为深厚的人，他招致宾客方术之士数千人著书立说，"作《内篇》二十一篇，《外书》甚众，又为《中篇》八卷，言神仙黄白之术，亦二十余万言"。然而这部涉及范围十分广泛的文化巨著，留传下来的只有《内书》二十一篇，也就是现在我们看到的《淮南子》，又称《淮南鸿烈》。

刘安入朝，与太尉武安侯田蚡关系比较亲近。田蚡有一次到霸上迎接刘安，对他说，方今皇帝没有太子，您是高皇帝的亲孙子，有仁义之心，天下没有人不知道。如果皇帝一旦发生意外，除了您，谁还能即帝位管理天下呢！刘安听了，非常高兴。

刘安有个女儿名叫刘陵，心思聪慧，口齿伶俐。刘安提供了大量金钱宝物，作为她在长安的活动经费，让她交结汉武帝身边的人，刺探高层政治情报。

西安附近曾经出土"淮南"半瓦当，有可能是淮南国邸，也就是淮南国驻长安的办事处的遗存。看来刘陵在长安的活动，是有落脚点的。陈直先生《摹庐丛著七种目录》中根据这件文物，认为"淮南王安当有离宫在京师，故用此半瓦"。又有"淮南邸印"封泥的发现，可以证实淮南邸的存在。另有一件"□□王当"残瓦，同样出土于汉长安城遗址，陈直先生推断所缺两字也是"淮南"。

刘安有心在天下一旦发生变乱时取得政治主动，积极制作战争装备，集聚金钱，贿赂汉王朝的地方实力派。又日夜研究军事地图，暗中进行作战部署。淮南国贵族违法的事件逐渐有所败露，在朝廷予以追查时，刘安终于发起叛乱。然而叛乱迅速被汉王朝平定。刘安被判定"大逆不道，谋反"罪，后自杀，淮南国被废除。汉武帝在这里设立了九江郡。

在政治上，刘安是一个失败的野心家。在学术上，他却是一位难得的才子，一位有为的成功者。

《淮南子》一书，可以看作西汉前期思想的总结。《汉书·艺文志》将它列为杂家，其实，这部书大体还是具备完整的体系的。

《淮南子》同时批判儒家和法家，而积极提倡"无为"的文化原则，这是和汉初政治文化形势相一致的。然而《淮南子》所说的"无为"，并不是说凝滞而不动，而是要人们注意顺应事物的发展规律，正像《淮南子·原道》中所说的："因其自然而推之。"

《淮南子》的社会历史观也有以民意为重的内容。《淮南子·泰族训》写道，商汤和周武王发起灭亡夏桀和商纣的革命，之所以能够胜而得天下，是由于"因民之欲也"，也就是顺从了民众的欲望。只要能够顺从民众的欲望，"则无敌于天下"。《淮南子·齐俗训》也写道，历史上英雄人物要"功成""名立"，就应当使自己的思想和实践"周于世""合于时"。只要顺应时势，顺应民心，自然可以无往不胜。《淮南子·主术训》也说，利用众人的智慧，那就没有什么不能够承担的；集中众人的力量，那就没有什么不可以战胜的。能够顺应民众之心的人，取得天下，治理天下，都是没有问题的。

宋人胡宿《淮南王》诗写道："贪铸金钱盗写符，何曾七国戒前车。长生不待炉中药，鸿宝谁收箧里书。碧井床空天影在，小山人去桂丛疏。云中鸡犬无消息，麦秀渐渐遍故墟。"这里所说的"鸿宝"，是指淮南王刘安的著作。《汉书·刘向传》说，"上复兴神仙方术之事，而淮南有《枕中鸿宝苑秘书》"。一般以《鸿宝》为道教修仙炼丹之书。《汉书·艺文志》著录"淮南王赋八十二篇"，就赋作产量而言，仅次于"枚皋赋百二十篇"。至于"小山"，则是在刘安主持下，他周围文士们创作的文学作品。

汉代学者王逸在《〈楚辞·招隐士〉解题》中说，淮南王刘安博雅好古，招怀天下俊伟之士，多有学者追慕相从，他们各尽才智，著作篇章，分造辞赋，按照内容形式分类，有的称"大山"，有的称"小山"，和《诗经》中有"大雅""小雅"一样。

司马谈·司马迁·《史记》

稍有中国历史文化常识的人，不会不知道《史记》。

在汉武帝时代，史学的学术性成就的顶峰，正是《史记》一书。

《史记》是西汉时期最伟大的文化创造之一。《史记》全书130卷，是一部上起传说时代的黄帝，下迄汉武帝时代的中国通史。作为史学著作，其内容之完整、结构之周密，在历史上是空前的。《史记》以人物《纪》《传》为主，辅以《表》《书》，合编年、纪事诸种史书文体之长，创造了史书的纪传体新体裁，成为此后二千年王朝正史编纂形式的规范。

《史记》原名《太史公书》。《史记》这一书名，是在东汉桓帝永寿元年（公元155）之后才开始出现的。

司马迁，字子长，左冯翊夏阳（今陕西韩城西南）人。生年说法不一，一说汉景帝中元五年（前145），一说汉武帝建元六年（前135），卒年不可考。司马迁10岁开始学习古文书传，20岁开始游历天下山川，重视探访重要的历史遗迹。此后不久，仕郎中，以汉武帝侍卫和扈从的身份多次随驾出巡，并曾奉命出使巴蜀。汉武帝元封三年（前108），继承其父司马谈的职务，任太史令。

司马迁在《史记·太史公自序》中陈述了自己家世的历史渊源及学术背景之后，说到父亲司马谈竟然是因为未能追随汉武帝封禅泰山，以致"发愤"而去世的。

司马迁当时奉使西行巴蜀以南，经历西南夷之地，返回之后向朝廷汇报时，与父亲相见于河洛之间。父子两代历史学家之间，有一段悲切感人的对话。

司马谈紧紧握着司马迁的手，流着热泪说：我们的祖先曾经是周王朝的太史，再往上追溯，前代祖先还曾经在虞夏之朝有显赫的功名。后世竟然中衰，难道要在我这一代中断了吗？你接任太史，则继承了我们祖先的事业。现今天子封禅泰山，是承接千年绪统的重大举措，而我却不能从行，是命运这样决定的吗？我死之后，你必然任太史。任太史之后，不要忘记了我有心完成的论著。……当今大汉兴起，海内一统，明主贤君忠臣死义之士，我任太史而没有记载，废天下之史文，令我内心十分惶恐，你应当时时想着这件事！

司马迁低着头，也禁不住泪双流。他说：小子不敏，愿意详细论说先人所记录的史事，不敢遗漏。

我们看到，一种文化的传承，文化的接替，是通过这样的心与心的交孚感会而实现的。

《史记志疑》卷三六引㤭讷居士《呬闻录》，有这样的说法："太史谈且死，以不及与封禅为恨。相如且死，遗《封禅书》以劝。当时不独世主有侈心，士大夫皆有以启之。杜子美天宝十三载献《封西岳赋》，劝玄宗封华山，帝未及行，明年禄山反，天下大乱。文人孟浪类如此。"论者指出，封禅的荒唐表演，不仅出于帝王的"侈心"，也有文人怂恿的因素。汉武帝时代的司马相如，唐玄宗时代的杜甫，都有这样的不庄重的"孟浪"言行。看来，《呬闻录》的作者是承认"太史谈且死，以不及与封禅为恨"是真实的心理记录的。

日本学者泷川资言《史记会注考证》引中井积德说，司马谈留滞周南，其实是因为汉武帝决意"尽罢诸儒不用"。而《史记·封禅书》记载，司马谈确实曾经热心于具有浓重神学色彩的祭祀仪礼的制定与说明。元鼎四年（前113），他曾经与祠官宽舒议立后土祠。元鼎五年（前112），又与宽舒议立泰峙坛。两次建议均得到采纳。由此我们可以理解，在封禅即将进行时"而尽罢诸儒不用"的这种强烈反差下，他痛感失落，悲怨积郁于胸，终于"发愤且卒"，其实是很自然的情形。

中井积德又说："封禅出于术士之妄，岂儒者所可言哉？谈罢可谓幸矣。乃发愤至死，何惑之甚！虽迁亦未知封禅之为非也，是汉儒之通病矣。"他说，封禅建议本来都是方术之士的妄言，儒学学者怎么可以参与其事呢？司马谈被排斥其外，是他的幸运，然而竟然郁怨而死，他怎么竟然糊涂到这等地步！即使是司马迁，也对于封禅没有清醒的认识，这看来是汉代儒者共同的思想误区啊。

按照王国维《太史公行年考》的说法，司马迁就在和司马谈相会于河洛之间后，立即就东行追行汉武帝乘舆，司马谈去世时，司马迁可能正在汉武帝身边服务。

就总体而言，司马谈是一位极有识见的历史学者。

俞正燮《癸巳类稿》曾经说，"《史记》之事，大半谈著，至其驰骋议论，谈无与焉"。说《史记》记述的历史，大半都是出自司马谈之手，而史学议论，则出自司马迁。顾颉刚《司马谈作史》一文也指出："《史记》一书，其最精彩及价值最高部分有二，一为楚、汉之际，一为武帝之世。武帝时事为迁所目睹，其史料为迁所搜集，精神贯注，光照千古"，"若楚、汉之际，当为谈所集材。谈生文帝初叶，其时战国遗黎、汉初宿将犹有存者，故得就其口述，作为多方面之记述。此一时期史事之保存，惟谈为其首功。其笔力之健，亦复震撼一时，叱咤千古。如闻董生辈转述夏无且语而写荆轲，生龙活虎，绘声绘色，其文学造诣之高可知。其书有传文，有赞语，开创作之一体，为二千年来史家所共遵，其史学见解之深辟亦可知。故《史记》之作，迁不得专美，凡言吾国之大史学家与大文学家，必更增一人焉，曰'司马谈'。"

王国维《太史公行年考》说，"史公交游，据《史记》所载，《屈原贾生列传》有贾嘉，《刺客列传》有公孙季重、董生，《樊郦滕灌列传》有樊他广，《郦生陆贾列传》有平原君子（朱建子），《张释之冯唐列传》有冯遂（字王孙，《赵世家》亦云'余闻之冯王孙'），《田叔列传》有田仁，《韩长孺列传》有壶遂，《卫将军骠骑列传》有苏建，《自序》有董生。而公孙季重、董生（非仲舒）曾与秦夏无且游，考荆轲刺秦王之岁，下距史公之生年凡八十有三年，二人未必能及见史公道荆轲事。又樊它广及平原君子辈行亦远在史公前。然则此三传所纪，史公或追纪父谈语也。"《史记》文本中多处说到作者的交游实践，其中若干人以年龄分析，并不与司马迁同时，王国维于是判断是司马迁追记父亲司马谈的言谈。

顾颉刚则说，这样的情形，并非或然，而是必然。《史记》赞语中所说的"余"，其实是司马谈自称。看来，司马谈著史，有传，有赞，则《史记》之体例是由司马谈创定。而司马迁继作，仍然采用了司马谈设定的结构，和后来班固承袭其父班彪作《汉书》的情形其实相同。

太史令司马迁曾经参与主持制定新的历法。此后，开始撰写《史记》。天汉二年（前99），李陵在对匈奴的战争中兵败投降，司马迁为李陵辩护，触怒汉武帝，下狱受腐刑。获释后为中书令，忍辱发愤，完成了《史记》一书的撰著和润饰。

《史记》这部历史名著以文化内涵之宏大和历史眼光之阔远，久已受到学人的重视。

扬雄《法言·君子》写道："《太史公》，圣人将有取焉。"《太平御览》卷六〇二引桓谭《新论》也说："通才著书以百数，惟《太史公》为广大，余皆丛残小论。"王充在《论衡·案书》中又写道："汉作书者多，司马子长……，河汉也，其余，泾渭也。"司马迁的史书是大江大河，其他著作则如同泾渭这样的支流。班固在《汉书·司马迁传》中，也说司马迁"博物洽闻"，其书则"涉猎者广博"，"驰骋古今"。后世又有朱熹《朱子语类》说"司马迁才高，识亦高"，风格"粗率""疏爽"，欧阳修《帝王世次图序》称司马迁"博物好奇之士，务多闻以为胜者"，吕祖谦《大事记解题》则称其"高气绝识，包举广而兴寄深"，黄震《史惑》也说"迁以迈往不群之气"，"激为文章，雄视千古"。又如钱谦益《汲古阁毛氏新刻十七史序》所谓"司马氏以命世之才，旷代之识，高视千载"，王治皞《史记权参》所谓"雄深雅健，自成一家之言"，"识力笔力，卓绝千古"，李晚芳《读史管见·读史摘微》所谓"其识甚高，其学甚博"，"其文峻洁雄伟，自成一家"等，也都是值得重视的评论。

《史记》之广大博杂，建构了社会史料的宏大宝库。

翦伯赞《中国史纲》曾经这样说，与一般"以个人为中心的历史"不同，《史记》"是一部以社会为中心的历史"。"司马迁不仅替皇帝写本纪，也替失败的英雄项羽写本纪；不仅替贵族写世家，也替叛乱的首领陈涉写世家；不仅替官僚写列传，也替秦汉时代的哲学家、文学家、商人、地主以及社会的游浪之群如日者、游侠、滑稽写为列传。他几乎注意到历史上的社会之每一个阶层，每一个角落，每一个方面的动态，而皆予以具体而生动的描写"。他于是评价："我以为《史记》是中国第一部大规模的社会史。"

《史记》在中国文化史上占据着重要的地位。历代评价所谓"贯穿经传，驰骋古今"（《汉书·司马迁传》），"其文疏荡，颇有奇气"（苏辙《上枢密韩太尉书》），"深于《诗》者也"，"千古之至文"（章学诚《文史通义·内篇五·史德》），"《五经》之橐籥，群史之领袖"（崔适《史记探源》卷一），"史家之绝唱，无韵之《离骚》"（鲁迅《汉文学史纲要》）等，都说明在作为中国传统文化主体内容的"文""史"之中，《史记》很早以前就已经形成了标范性的影响。

《史记》的宝贵价值，首先体现于在当时的文化基点上，能够真实地、完整地描绘出社会历史的各个层面。

司马迁在记述政治史的同时，对于经济史、文化史和社会生活史等，也在《史记》中得到生动的记述。与帝王将相等政治活动家同样，学者、商贾、医生、游侠、农民领袖等人物的事迹也受到重视。在司马迁笔下，游侠的侠义精神得到赞美，酷吏的残暴行径有所揭露，项羽和秦始皇、汉高祖一同列入本纪，农民领袖陈胜和诸侯一同列入世家。司马迁在颂扬汉武帝的功绩的同时,又曾经于《史记·汲郑列传》中责备他"内多欲而外施仁义"。

由于持这种背离传统的富于批判精神的历史态度,《史记》曾经被有的人称为"谤书"。

西汉将帅骑兵服饰复原图（刘永华绘）

将星照耀北天

少年汉武帝"微行""驰射"时,形成了称作"期门"近卫部队。汉武帝由此可以发现军事人才。跟随卫青和霍去病出击匈奴,以军功封侯的将领,一共有15人。其中"能骑射,用短兵"的高昌侯董忠,就曾经"给事期门"。而卫青、霍去病也都曾经随武帝游猎。

当时的北部天空,真是将星朗朗,光耀河汉。在古代中国军事史上,汉武帝时代,应当是一个值得重视的特殊的时代。

大将军卫青

在电视连续剧《汉武大帝》的第19集,在未央宫司马门外,卫青初次出场时,剧中人汉武帝、平阳公主和平阳公主的"骑奴"卫青有这样的对白:

刘彻:姐姐,这位是谁呀?

平阳公主:这是我的一个骑奴,卫士,叫卫青。

卫青:奴才卫青参见陛下!

刘彻:骑奴?目光如炬啊!

平阳公主:他喜欢习武,练就了一副好身板儿。走吧!陛下,你还是回去吧!

刘彻:姐姐那儿连骑奴都有贵相,必定是藏龙卧虎啊!好!改天朕一定到姐姐家去逛一逛。

平阳公主:那就说定了!

卫青:陛下,失礼了!

平阳公主：陛下回去吧！

《汉武大帝》的第23集中，在平阳公主府邸，淮南王刘安的女儿刘陵和平阳公主在刘陵的"马夫"郭解和卫青击剑时，又有一段关于卫青的对白：

刘陵：都说我刘陵的马夫如何了得！没想到姐姐的家奴，是更胜一筹啊！不但人生得魁梧，而且剑法也是了得呀。

平阳公主：这个卫青啊，最喜欢三样东西：兵书、宝剑、骏马！而恰恰这三样东西，也是皇上平素喜欢的。也算是近山识鸟音，近水懂鱼性吧。

刘陵：姐姐怕还少说了一样吧？

平阳公主：哪一样？

刘陵：美人哪！我就不信这么好的男人，会不爱美人哪！

平阳公主：胡说！

刘陵：不懂得欣赏姐姐的，还算什么识得鸟音鱼性哪！

平阳公主：还胡说！

刘陵：好，好，好！我胡说，我胡说！那一会儿我们家的马夫万一伤了卫青的话，你别心疼啊！

这两段对话，除了卫青对汉武帝自称"奴才"明显不符合当时的语言习惯外，大体都是符合历史真实的，既介绍了卫青的才具，也交代了他和平阳公主特殊的感情关系。

卫青的父亲名叫郑季，以吏的身份在平阳侯家服务，与平阳侯的妾卫媪私通，生了卫青。卫青年少时曾经牧羊，父亲嫡妻的儿子把他看作奴隶，不以兄弟相待。他曾经到甘泉居室，遇到一位脖子上戴着刑具"钳"的罪犯，看其面相，惊叹道："贵人也，官当封侯。"卫青笑道：奴婢的后代，能够不遭受笞骂就已经很满足了，怎么能奢望封侯呢！

卫青后来为平阳侯家骑侍，又专门跟随平阳公主。他的姐姐卫子夫得汉武帝宠幸后，卫青被任命为建章监，侍中。卫子夫成为夫人后，卫青当了大中大夫。

同李延年的情况相似，卫青得以迅速升迁，并不完全是因为其姐得宠，而是与他本人的卓越武功分不开的。

元光五年（前130），卫青为车骑将军，从上谷郡出击匈奴。同时出击的还有：太仆公孙贺为轻车将军，出云中；大中大夫公孙敖为骑将军，出代郡；卫尉李广为骁骑将军，出雁门。各路将军都统领一万骑兵。卫青深入匈奴腹心地区，进军直抵龙城，斩敌数百。骑将军公孙敖损失了七千骑；骁骑将军李广为匈奴俘虏，后来奋力逃归。按照汉朝法律，公孙敖和李广都应当斩首，缴纳赎金后，免为庶人。此次出击，公孙贺也没有战功。

元朔元年（前128）秋，车骑将军卫青率三万骑兵出雁门击匈奴，斩敌数千人。第二年（前127），匈奴入侵，杀辽西太守，掳走渔阳二千余人，击败韩安国将军的部队。汉武帝命令将军李息出代郡，车骑将军卫青出云中郡，反击匈奴。卫青所部西至高阙，收复河南地，至于陇西，歼灭敌军数千人，得到牲畜数十万，驱逐匈奴白羊王和楼烦王。于是以河南地为朔方郡。卫青被封为长平侯。卫青部下有两名军官也因军功得以封侯。校尉苏建封为平陵侯，校尉张次公封为岸头侯。

元朔三年（前126），匈奴再次入侵，杀代郡太守，掳走雁门郡千余人。第二年，匈奴又大举入侵代郡、定襄郡和上郡，杀掠汉军民数千人。元朔五年（前124）春，汉武帝命令车骑将军卫青率领三万骑兵出高阙；卫尉苏建为游击将军，左内史李沮为强弩将军，太仆公孙贺为骑将军，代相李蔡为轻车将军，都由车骑将军卫青统一指挥，出朔方；大行李息、岸头侯张次公为将军，出右北平。各路大军同时出征，进击匈奴。卫青的部队打败匈奴右贤王部，右贤王率数百骑突围逃窜。汉军追击数百里，俘虏右贤裨王十余人，众男女一万五千余人，畜数千百万。汉武帝奖励卫青的军功，增益所封民户，同时封卫青的儿子卫伉为宜春侯，卫不疑为阴安侯，卫登为发干侯。凯旋到边塞时，汉武帝派使者持大将军印，在军中拜车骑将军卫青为大将军，宣布诸将皆以兵属大将军。卫青以其子尚在襁褓中，极力辞谢，并且强调"军大捷，皆诸校尉力战之功也"。汉武帝于是封公孙敖为合骑侯，韩说为龙额侯，公孙贺为南窌侯，李蔡为乐安侯，李朔为涉轵侯，赵不虞为随成侯，公孙戎奴为从平侯。李沮、李息及豆如意赐爵关内侯。

这一年的秋季，匈奴再次侵入代郡，杀都尉朱英。元朔六年（前123）春，大将军卫青又出军定襄，属下有中将军合骑侯公孙敖，左将军太仆公孙贺，前将军翕侯赵信，右将军卫尉苏建，后将军郎中令李广，强弩将军右内史李沮，杀敌数千人，返回长城以内。入塞后只休整了一个多月，又再次出定襄击匈奴，杀敌一万余人。右将军苏建和前将军赵信率军三千余骑，遭遇单于主力，苦战一天多，汉兵死伤且尽。赵信原本是匈奴人，降汉后封为翕侯。情势紧急时刻，匈奴诱降，赵信率所部残余八百骑投降单于。右将军苏建的部队全数阵亡,只有他独自一人逃归。

在此后对匈奴大的军事行动中,卫青之甥霍去病承担了重要的角色。

元狩四年(前119)春,大将军卫青和骠骑将军霍去病各率领五万骑兵,出定襄、代郡击匈奴。

赵信向匈奴单于建议:汉兵经过大漠,人马疲惫,匈奴可轻易得胜。于是让辎重北移,以精兵在大漠以北等待会战。大将军卫青的部队出塞千余里之后,遭遇单于兵阵,卫青命令排列武刚车形成环形营阵,以五千骑兵出击匈奴。匈奴也出动大约万骑迎战。双方会战之时,突然大风骤起,沙砾击面,两军不能相见,汉军又以左右翼包围单于。单于看到汉军兵多,而士马强劲,死战对匈奴不利,就在黄昏时分率数百精锐骑兵从西北方向突围而去。汉军出动轻骑连夜追击,大将军部队的主力随后进发。到黎明时分,已经西北方向行进了二百余里,没有找寻到单于的踪迹。大军至寘颜山赵信城,缴获匈奴囤积的军粮。汉军在这里停留一天,然后焚烧粮仓南归。入塞时统计,斩杀俘虏匈奴一共一万九千多。

清代学者王士禛作《西江月·咏史》,说到了卫青事迹:

> 汉武史称大略,陇西家世名流。次公已作岸头侯,飞将数奇不偶。
>
> 昔日人奴笞骂,长安甲第云浮。龙鳞鹤尾铁兜鍪,笑谓钳徒有口。

王士禛以岸头侯张次公和飞将军李广的事迹作为陪衬,突出卫青之所以能够显贵的原因。这位"昔日人奴笞骂"的下等人，后来一时"长安甲第云浮"。那位"钳徒"预言家对于一个普通"人奴"未来命运所谓"贵人也，官当封侯"的判断，竟然真的很准确呢。

卫青后来终于与平阳公主成婚。司马迁在《史记·卫将军骠骑列传》中写道，自卫青首封，后来卫氏家族中有5人封侯。然而不过24年，五侯均被废夺，卫家再也没有为侯者了。

霍去病：匈奴未灭，无以家为！

大将军卫青姐姐的儿子霍去病年仅18岁的时候，因为得到汉武帝喜爱，任为侍中。霍去病善骑射，又参加了大将军的军队，任职剽姚校尉。

元朔六年（前123），霍去病与轻勇骑八百人远离汉军主力部队，驰行数百里奔袭匈奴，多有斩获。汉武帝封他为冠军侯。这一年，在与匈奴作战中，汉军损失了两位将军，翕侯逃亡，军功不多，所以大将军卫青未能加封。

三年之后的元狩二年（前121）春，汉武帝以冠军侯霍去病为骠骑将军，率领一万骑兵出陇西，杀折兰王，斩卢胡王，执浑邪王子及相国、都尉，杀敌八千余人，收休屠祭天金人。汉武帝于是益封霍去病二千户。

这一年的夏天，骠骑将军霍去病与合骑侯公孙敖一同出军北地，分道进击。博望侯张骞和郎中令李广也同时出军右北平，分道进击。郎中令李广将四千骑先抵达指定位置，博望侯张骞率领一万骑兵没有按时赶到。匈奴左贤王以数万骑兵围攻李广，李广苦战两日，死者过半，直到张骞部队抵达，匈奴兵才退却。骠骑将军霍去病出北地，已深入敌境，而合骑侯公孙敖部迷失道路，两军未能会合，霍去病部越居延至祁连山，斩杀俘虏敌军甚多。汉武帝予以嘉奖。从这时起，骠骑将军的地位已经与大将军相当。

  这一年的秋天，匈奴单于对居于西翼的浑邪王屡次为霍去病统率的汉军击破，损失人众数万而深感愤怒，于是召见浑邪王，将予处死。浑邪王与休屠王等密谋投降汉王朝，派人到边境向汉王朝传递这一消息。李息得浑邪王使，立即驰传上报汉武帝。汉武帝担心匈奴人以诈降方式袭击边郡，命令霍去病率兵防备。骠骑将军渡过河，与浑邪王部众相望。浑邪王部下军士裨将看到汉军，许多人又心中犹豫，不愿投降，多有逃亡者。骠骑将军亲自驰马进入浑邪王阵地与其相见，斩杀军中要逃亡的将士8千人，又下令让浑邪王乘坐高等级的邮驿传车，以最快速度前往汉武帝驻地，自己指挥浑邪王部众渡河，一举收降匈奴军士数万（号称10万）。霍去病再次受到嘉奖。

  元狩四年（前119）春，汉武帝命令大将军卫青和骠骑将军霍去病各率领5万骑兵，步兵及转运军需者数十万出击。而敢于力战深入的勇敢之士都统属于霍去病。骠骑将军的部队起始计划出定襄，正当单于主力。得到情报说单于时在东部，于是又改变了计划，令骠骑将军部出代郡，令大将军部出定襄。

  骠骑将军霍去病率骑兵5万，车列辎重的数量规模和大将军部队相等。大军出代郡、右北平千余里，对方是匈奴左翼部队，所斩捕敌军的战功超过了大将军卫青的部队。又封狼居胥山，禅于姑衍，登临翰海。凯旋后，再次得到汉武帝的奖赏。

此战之后，大将军卫青和骠骑将军霍去病均为大司马。霍去病的秩禄，也已经与卫青相等。此后，卫青的权势开始逐渐下降，而霍去病的地位则日益上升。卫青门下的追随者多转而奉事霍去病。

霍去病为人，性格深沉，不好言谈，而胸有胆气。汉武帝曾经教他学习孙吴兵法，他说："顾方略何如耳，不至学古兵法。"和据说"长安甲第云浮"的大将军卫青不同，汉武帝为他修建宅第，让他去看，他却回答："匈奴未灭，无以家为也！"于是更受到天子爱重。

不过，霍去病因为少年得志，没有经历过下层生活，在军中不能对普通士兵诚心体恤。出征时，汉武帝专门令宫中服务部门为他准备的特殊饮食，竟然有十多辆车之多。还军时，车上往往剩余好米好肉，而军中普通士卒面有饥色。在塞外时，战士缺乏粮食，难以自给，霍去病却在军营中玩"蹴鞠"的游戏。

骠骑将军霍去病在元狩六年（前117）因病去世，终年不足30岁。汉武帝深切哀悼他的离去，下令调发属国铁甲部队，自长安至茂陵，列阵送葬。霍去病墓上封土取像祁连山，作为对这位英勇善战的青年将军显赫军功的纪念。

霍去病墓前有一组石刻作品，充分利用石材原貌，凿痕简略，然而却以古朴的匠工，表现出"闳放""雄大"的风格。当你站在仿像祁连山的墓冢前，面对"马踏匈奴"这样的石雕杰作，自然会被凝聚在这厚土坚石中的那种精神所深深感动。霍去病墓上风格雄浑朴重的石刻，是当时汉王朝军人风格的写照，也是当时汉民族的时代精神的写照。其古朴的风格，在后世的石雕作品中已经很难看到了。

南朝梁武帝时代有一位著名的武将,名叫曹景宗。因为作战奋勇,功勋累累。有一次又打了胜仗回京,梁武帝在华光殿设宴欢迎。百官宴饮间玩"连句"的游戏。曹景宗未能尽兴,请求赋诗。梁武帝说,你技能甚多,人才英拔,何必要抢着作诗呢?曹景宗已经醉酒,坚持乞求作诗,于是得到准许。可是韵已经被先作者用完,只剩下"竞"和"病"两个字。而曹景宗镇定操笔,很快就写完了。其词曰:"去时儿女悲,归来笳鼓竞。借问行路人,何如霍去病。"梁武帝赞叹不已,朝廷中的文士都大为惊异。这位曹景宗的爵位于是上升到"公"一级,又拜为领军将军。《南史》中记录的这个故事告诉我们,西汉青年将军霍去病的英名怎样深入人心,得以千古传诵。

飞将军李广

唐代诗人高适《送浑将军出塞》诗写道:"将军族贵兵且强,汉家已是浑邪王。子孙相承在朝野,至今部曲燕支下。控弦尽用阴山儿,登阵常骑大宛马。银鞍玉勒绣蝥弧,每逐嫖姚破骨都。李广从来先将士,卫青未肯学孙吴。"诗句所谓"未肯学孙吴"事,其实与卫青无关,本来是霍去病的故事。而高适所赞赏的"李广从来先将士",确实也与霍去病的风格形成鲜明的对照。

李广,陇西成纪(今甘肃通渭东)人。他出身于名将之家,自然是可以称作"族贵"的。李广的先祖李信,秦时为将,多有战功。汉文帝十四年(前166),匈奴入侵,李广从军，因善于骑射，军功显著，任为中郎。他曾经随从汉文帝出行，表现出勇武之风。汉文帝感叹道：可惜了，你生不逢时！如果你生在高帝创业时，封个万户侯也不在话下啊！

汉景帝时，李广为陇西都尉，又任骑郎将。"吴楚七国之乱"爆发，他作为骁骑都尉随太尉周亚夫平叛，在昌邑一战中夺取敌方军旗，大显功名。梁王刘武授李广将军印。然而李广因为私受诸侯之印，凯旋后竟然不能得到赏赐。后来改任上谷太守，几乎天天和匈奴近战。典属国公孙昆邪流着泪对汉景帝说：李广才气，天下无双，自负其能，屡次与虏敌战，我担心国家会因此丧失了将才。

汉景帝于是调任李广为上郡太守。后来李广历任陇西太守、北地太守、雁门太守、代郡太守、云中太守，都以作战奋勇威名远扬。

匈奴大肆入侵上郡，天子派内廷中幸贵者与李广一同操练部队抗击匈奴。内廷幸贵者率领数十骑兵纵马驰行，遇见三名匈奴骑兵，试图杀捕。匈奴骑兵还身连射，射伤内廷幸贵者，又射杀他的随从骑士，几乎人人中箭。李广得知，说道：这一定是匈奴中善于射雕的神射手了。于是率领百骑驰行追击这三个匈奴人。在数十里之外追上了这三人。李广命令随从骑兵左右包抄，亲自张弓射杀其中两名匈奴射手，俘虏了一人，经审问，果然是匈奴射雕者。正要押解俘虏返回时，忽然看到有匈奴数千骑飞驰而来。匈奴骑兵看到李广及其随从，以为是汉军诱兵，惊疑之间，没有迅速冲杀，只是占据高地列阵。李广部下骑兵十分惶恐，准备飞马逃走。李广说：我们距离主力数十里之遥，今如此以百骑逃走，匈奴追射，我们必然无可生存。

现在我们就停留在这儿，匈奴一定会以为我们是大军的诱饵，是不敢轻易攻击的。

他命令部下骑士：前进！移动到距离匈奴军阵两里路左右的地方停止。又命令：皆下马解鞍！随从骑兵说：敌军数量这么多，距离又这么近，如果发生紧急情况怎么办？李广说：敌人以为我们会逃走，我们都解下鞍具以示不走，让他们放心。

果然匈奴始终未敢进击。

匈奴有骑白马的将领出阵监护其部队，李广上马率十余骑奔射杀了匈奴这位白马将，然后再回到自己骑列之中，依然解鞍，让骑士都纵马而卧。

这时天色已晚，匈奴军仍然疑惑未定，不敢出击。深夜时，匈奴兵疑心汉有伏军就在附近，可能会夜战歼击，于是引兵而去。黎明时分，李广和他的部下平安回到了主力部队的军营。

汉武帝即位后，李广因身为名将，从上郡太守任上调任未央卫尉，另一位名将程不识任为长乐卫尉。程不识和李广都以边郡太守率兵抗击匈奴。与匈奴作战时，李广对于军营组织纪律和阵法没有严格约束，军中往往人人自便，没有严格的警卫方式，军中文书报表也力求减省。然而注重远距离派遣侦察兵，掌握敌情动态，所以也没有遭遇过敌军偷袭。程不识的部队则行伍营阵严整，营中戒备森严，军官每天整理军报簿籍往往通宵达旦，上下不得休息，然而也未曾遭遇袭击。程不识说：李广治军极简易，但是一旦敌军出其不意进攻，难以防范。不过军中士卒心情不受拘束，都乐意为之死战。我军虽然烦扰，但是敌军也不得犯我。当时汉边郡李广、程不识皆为名将，然而匈奴更畏惧李广的治军风格，士卒也多愿意跟从李广，而以为程不识管理过于严谨。

马邑之谋，汉军诱击匈奴单于时，李广为骁骑将军，领属护军将军。四年之后，李广以卫尉为将军，出雁门击匈奴。匈奴兵多，击败李广部队，生俘李广。匈奴单于早就听说李广大名，下令说：如果得李广，一定要活着送到我的大帐来。匈奴战士俘虏李广时，李广伤病交加。他们在两匹马之间用绳络连系成担架形式，把李广放置在上面。走了十余里路，李广一直假装昏迷不醒。睨视其旁有一年轻匈奴士兵骑的是一匹好马，李广猛一腾身，跃上那匹马，将那匈奴人推堕马下，伸手取其弓，鞭马而驰。南行数十里，匈奴骑兵数百人紧追，李广张弓一一射杀追骑，终于得以逃脱。

按照汉朝法律，李广因为部队损失严重，又曾经被匈奴生俘，应当处斩，缴纳赎金后免罪，而身份降为庶人。

李广闲居数年，曾经与灌婴的孙子灌强在蓝田南山中射猎。有一天随从一骑，饮酒夜归。回程经过霸陵亭，霸陵尉乘醉呵止李广。李广的随从回答说：这是故李将军。霸陵尉怒斥道：今将军尚不得夜行，更何况是故将军呢！令李广止宿于亭下。

不久，匈奴入侵，杀死辽西太守，又击败韩安国将军。北边战事再起。天子召拜李广任右北平太守。李广请求霸陵尉同行，得到准许。一到军中，就斩杀了这位霸陵尉。

对霸陵尉的报复，似乎表现出李广胸怀之不宽广。宋人许顗《彦周诗话》批评道："李广诛霸陵尉，薄于德矣！"但是这位为战争而生的将军当时闲居的苦闷心境，其实也是相当复杂的。元人赵孟頫的《闻角》诗，或许捉摸到了李广当时的情绪：

"吹角秋风里，边声入暮云。抑扬如自诉，哀怨不堪闻。老马行知道，孤鸿飞念群。只今霸陵尉，那识旧将军。"

匈奴人称李广为"汉之飞将军"，他们听说李广镇守右北平，相避数年，不敢入右北平郡界。

一次李广出猎，看到草中岩石，以为是猛虎，挽弓而射之，走近才看到只是一块岩石。箭射中岩石，箭镞深入石中。然而再次张弓发箭，却怎么也不能射入石中了。李广居住的地方有虎出没，曾经亲自射杀。他在任右北平太守的时候也曾经射虎，恶虎腾扑，以致受伤，然而最终射死了猛虎。

李广为人廉洁，得到赏赐，都分给部下。饮食和士兵相同。他做了四十余年二千石一级的高级官员，然而家中没有余财。领兵打仗，遇到条件艰苦的地方，士卒没有都喝到水，李广绝不走近水泉；士卒不尽食，李广绝不尝食。士卒因此都乐意和他一起为朝廷效命。

作战时，临敌迫近，在数十步之内，估计未必能够射中目标，就不发箭，一旦发射，敌人必然应弦而倒。因此，他率兵临战，多次经历困境，射猎的时候，也曾经为猛兽所伤。

不久，石建去世，汉武帝召李广接替石建任郎中令。元朔六年（前123），李广再次任后将军，跟从大将军军出定襄，击匈奴。诸将多有杀敌破阵，以功封侯者，而李广军竟然无功。两年之后，李广以郎中令身份率四千骑兵出右北平，博望侯张骞将万骑与李广配合作战。行军数百里，匈奴左贤王将四万骑包围李广军。李广部下军士皆恐惧，李广于是命令其子李敢驰往敌阵。李敢率数十骑出击，直冲匈奴军阵，出其左右，穿插而还，对李广说：胡虏没什么了不得的。军士心情方才稳定。

李广为圜阵，外向对敌，匈奴军进攻十分猛烈，矢下如雨。汉兵死者过半，而军中箭矢就要用尽。李广于是命令士兵引弓持满而不发，而李广亲自用强弩射匈奴裨将，连续射杀数人，匈奴的攻势方才稍微减轻。天色渐晚，吏士异常紧张，个个面无人色，而李广依然意气自如，并从容指挥部队。军中士卒无不佩服他的勇力。第二天，全军继续苦战，而博望侯张骞的部队已经赶到，匈奴军于是撤走。汉军疲惫，不能追击。当时李广军伤亡惨重。按照汉法，博望侯延误军机，应当处死，赎为庶人。李广军功和损失相抵，也没有得到赏赐。

　　李广的叔伯兄弟李蔡和李广起初曾经同时服务于汉文帝。汉景帝时，李蔡按照功勋资历，已经官至二千石。汉武帝时，李蔡任代相。元朔五年（前124），李蔡为轻车将车，从大将军击匈奴右贤王，有功，封为乐安侯。元狩二年（前121）中，又接替公孙弘为丞相。李蔡为人，才能资质其实很平常，名声远远不如李广。然而李广始终不得爵邑，官职不过九卿，而李蔡久以为列侯，竟然位至三公。李广部下军吏甚至士卒都有因功封侯的。李广曾经和军中负责观察云气预测胜负的官员王朔闲谈，说：自从汉击匈奴，我次次参战。而诸部校尉以下，才能不及一般人的，以击胡军功取侯者已经多达数十位。而我作战从来未曾落后，却没有尺寸之功以得封邑者，这是为什么呢？是不是我的命相决定了终生不能封侯呢？这就是确定的命运吗？王朔说：将军自己思考，有没有曾经悔恨的事情呢？李广说：我曾经任陇西太守，羌人暴动，我引诱他们投降，降者八百余人，我用欺诈的手段在同一天之内将这些降卒全数杀害。至今大的悔恨就是这件事了。王朔说：最严重的祸害，莫大于杀害已经投降的敌人,这就是将军所以不得侯的原因了。

两年之后,也就是元狩四年(前119),大将军卫青、骠骑将军霍去病大军出击匈奴,李广多次请求参战。汉武帝以为李广已经年老,不许。最后终于批准,又满足了李广意愿,让他做前将军。李广部队由大将军卫青指挥。出塞后,卫青根据情报,得知单于方位,于是自己率领精兵进击,而令李广的部队合并到右将军的部队之中,出东道,迂回包抄。李广又请求:臣部为前将军,今大将军却改变原计划编队,让我出东道。而我从少年时代开始就与匈奴作战,今天好不容易得以直接面对单于的机会,臣愿担任前锋,战死在和匈奴单于主力决战的前沿。

其实,大将军卫青私下已经受汉武帝嘱托,以为李广年老,作战"数奇",也就是总是运气不好,多次不顺利,不能让他承担主攻任务,担心战事可能失利。于是坚令李广服从。李广愤然就部,甚至不向卫青告别,引军出东道。行军中又不幸迷路,以致未能按时到达指定地点。大将军与单于接战,单于遁走,追击不得而还。南行过大漠时,遇到前将军李广军。李广拜见大将军后,回到自己的部队。大将军派军官给李广送来干粮和醪酒,并询问李广迷路的情状,以上报天子。李广不予答对。大将军卫青催促李广到幕府核对战事记录。李广说:诸校尉没有罪过,是我自己迷失道路。我现在就去幕府作笔录。

来到大将军幕府,李广对属下说:我李广从少年时代起,经历和匈奴大小七十余次战斗,今幸从大将军正对单于大营承担主攻任务,而大将军又命令我们迂回包抄,而竟然又迷失道路,这难道是天意吗!我李广已经六十多岁了,终不能再次面对刀笔小吏的审讯。于是引刀自刭。

李广部下全军都悲哀痛哭。百姓听到这一消息，不论老少，都因此垂涕。

司马迁笔下的飞将军李广，是一位悲剧英雄。

他为什么如此英勇善战，威名远扬，却始终未能以军功封侯呢？"李广难封"，后来成为千百年来人们议论政治人生的一个主题。

> 冯唐易老，李广难封。屈贾谊于长沙，非无圣主；窜梁鸿于海曲，岂乏明时？
>
> ——王勃《滕王阁序》

唐代诗人刘长卿《祭董兵马使文》有文句说到李广遭遇："远将偏师，独当群凶。朱旗薄霄，白羽生风。彼众我寡，兵尽矢穷。手张空拳，力殚气雄。孟明失律，李广无功。有志不遂，饮恨而终。落梅笛怨，细柳营空。犹嘶战马，永挂良弓。"王维的《老将行》诗，其中也说到李广悲剧：

> 少年十五二十时，步行夺得胡马骑。
> 射杀中山白额虎，肯数邺下黄须儿。
> 一身转战三千里，一剑曾当百万师。
> 汉兵奋迅如霹雳，虏骑崩腾畏蒺藜。
> 卫青不败由天幸，李广无功缘数奇。
> 自从弃置便衰朽，世事蹉跎成白首。
> 昔时飞箭无全目，今日垂杨生左肘。
> 路傍时卖故侯瓜，门前学种先生柳。

苍茫古木连穷巷，寥落寒山对虚牖。
誓令疏勒出飞泉，不似颍川空使酒。
贺兰山下阵如云，羽檄交驰日夕闻。
节使三河募年少，诏书五道出将军。
试拂铁衣如雪色，聊持宝剑动星文。
愿得燕弓射天将，耻令越甲鸣吾君。
莫嫌旧日云中守，犹堪一战取功勋。

诗句"李广无功缘数奇""世事蹉跎成白首"，诉说着一种深切的惋惜和同情。前句"卫青不败由天幸"，宋人王柳《野客丛书》以为是诗人的一个小的疏误，"《西清诗话》曰：唐人以诗为专门之学，虽名世善用故事，不免小误。王维诗曰：卫青不败由天幸，李广无功为数奇。不败由天幸，乃霍去病非卫青也。《邵氏闻见录》亦如此言。"

宋代辛弃疾有词作《八声甘州》，也值得一读：

夜读《李广传》，不能寐。因念晁楚老、杨民瞻约同居山间，戏用李广事赋以寄之。

故将军、饮罢夜归来，长亭解雕鞍。恨灞陵醉尉，匆匆未识，桃李无言。射虎山横一骑，裂石响惊弦。落魄封侯事，岁晚田园。

谁向桑麻杜曲，要短衣匹马，移住南山。看风流慷慨，谈笑过残年。汉开边、功名万里，甚当时、健者也曾闲。纱窗外、斜风细雨，一阵轻寒。

辛弃疾只是选取李广事迹的一个片段发表感慨，然而对这位英雄的复杂心境，似乎也有独到的理解。而"裂石响惊弦"一句，将英雄豪壮气势，描绘得生动鲜明。

司马迁在《史记·卫将军骠骑列传》的最后列述"两大将军及诸裨将名"。在大将军卫青名下，称"其裨将及校尉已为将者十四人"，又说"为裨将者曰李广，自有传"。《汉书》说，"为特将者十五人"，是包括李广的。《史记》没有单独立传的"其裨将及校尉已为将者十四人"，即：将军公孙贺，将军李息，将军公孙敖，将军李沮，将军李蔡，将军张次公，将军苏建，将军赵信，将军张骞，将军赵食其，将军曹襄，将军韩说，将军郭昌，将军荀彘。

《史记·卫将军骠骑列传》最后还说到骠骑将军霍去病属下"后为将军二人"，即：将军路博德，将军赵破奴。

跟随卫青和霍去病出击匈奴，以军功封侯的将领，一共有十五人。

当时的北部天空，真是将星朗朗，光耀河汉。在古代中国军事史上，汉武帝时代，应当是一个值得重视的特殊的时代。

博望侯张骞

《史记·卫将军骠骑列传》列举的汉武帝时代的将军名录中，有博望侯张骞的姓名。

> 将军张骞，以使通大夏，还，为校尉。从大将军有功，封为博望侯。后三岁，为将军，出右北平，失期，当

斩，赎为庶人。其后使通乌孙，为大行而卒，冢在汉中。

现在的张骞墓，依然松柏苍苍，寄托着人们对这位历史功臣的怀念。

在汉武帝时代的英雄谱中，张骞的姓名是位于前列的。

张骞作为以中原大一统王朝官方使者的身份开拓域外交通通路的第一人，对于发展中西交通的功绩，确实有"凿空"的意义。

西汉初年，位于今新疆地区的所谓狭义的"西域"一共有三十六个国家。这些大多分布在塔里木盆地南北边缘绿洲上的"西域"国家，有着和中原地区不同的政治经济形态。而广义的"西域"，包括今新疆乃至中亚地区。汉武帝希望联合曾经受到匈奴军事压迫而不得不西迁的大月氏，形成合力夹击匈奴的军事联盟，于是招募使者出使大月氏。建元二年（前139），应募者汉中人张骞奉命率一百余人出发西行，途中遭遇匈奴人，拘禁十年左右方得逃脱。张骞继续履行使命，西越葱岭，行至大宛（今吉尔吉斯斯坦、乌兹别克斯坦费尔干纳盆地），经康居（今哈萨克斯坦锡尔河中游地区），抵达已经定居在今乌兹别克斯坦阿姆河北岸、统领了大夏（今阿富汗北部）的大月氏。然而大月氏因新居地富饶平安，无意东向与匈奴进行复仇战争。张骞只得东返，到大夏，然后改由南道回归。在归途中又被匈奴俘获，拘押一年多，乘匈奴内乱，方于元朔三年（前126）回到长安。张骞出行时随从百余人，十三年后，仅有两人得以生还。他亲身行历大宛、大月氏、大夏、康居诸国，又对附近五六个大国的国情细心调查了解，回长安后将有关信息向汉武帝做了汇报。张骞的西域之行，以历时十三年的生死磨难为代价，使有关西域地方的诸多知识传递到了中原，而汉文化的声威也同时传播到了当时中原人地理意识中的神秘的西极地方。

张骞出使路途中经历的艰险，是显而易见的。不说匈奴武装力量的威胁，只是自然条件的险恶，已经为一般中原人所惊畏。南朝陈人江总《陇头水》诗写道："陇头万里外，天崖四面绝。人将蓬共转，水与啼俱咽。惊湍自涌沸，古树多摧折。传闻博望侯，苦辛持汉节。"诗句中所表现的行旅的危难，并不是没有根据的空言。

汉武帝元朔六年（前123），张骞跟随大将军卫青出击匈奴。司马迁在《史记·卫将军骠骑列传》中写道，张骞从大将军出征，因为曾经出使大夏，在匈奴活动地域长期居留，了解地理情势，熟悉水草资源，于是担任向导，远征军于是没有饥渴之忧。加之此前有远使绝国之功，封为博望侯。

事实上，张骞的所谓军功，也基于出使时的经验。张骞任将军时，因为指挥战事不利而致罪，失侯后，又以对西域地区地理人文的熟悉，建议汉武帝联合乌孙（主要活动地域在今伊犁河流域）。汉武帝于是拜张骞为中郎将，率三百人出使乌孙。使团携运的用以交结友好的物资相当丰富，据说牛羊金帛数以万计。张骞抵达乌孙之后，又派副使前往大宛、康居、月氏、大夏等国。乌孙遣使送张骞归汉，并献马报谢，后来终于与汉王朝通婚，一起进军击破匈奴。

张骞圆满地完成了他的政治军事使命，然而他的主要历史功绩，还是作为文化使者而创造的。

汉军击破匈奴，打通河西通道之后，汉武帝元狩四年（前

119），张骞再次奉使西行，试图招引乌孙东归。这一目的虽然没有实现，但是通过此行，加强了汉王朝和西域各国之间的联系。此后，汉与西域的通使往来十分频繁，民间商贸也得到发展。西域地区五十国接受汉帝国的封赠，佩带汉家印绶的侯王和官员多至三百七十六人。而康居、大月氏、安息（今伊朗）、罽宾（今克什米尔斯利那加地区）、乌弋（今阿富汗坎大哈地区）等绝远之国也有使者频繁往来，据说一时诸国"莫不献方奇，纳爱质"（《后汉书·西域传》），于是"异物内流则国用饶"（《盐铁论·力耕》）。西域物产传入中国。

张骞在中亚的大夏时，曾经见到邛竹杖和蜀布，得知巴蜀有西南通往身毒（今印度）的道路。"身毒"，也作"天竺""贤豆""损笃"，都是"印度"的音译。从四川、云南进入印度地区，当时确实有再转而西向大秦的交通路线。汉武帝根据这一发现，在元狩元年（前122）派使者从巴蜀启行，试图由此实现和西域的交通。于是，汉王朝和西南地区滇、夜郎等部族的文化联系逐渐密切起来。这条道路，有人称之为"西南丝绸之路"。云南晋宁出土的西汉青铜双人盘舞透雕饰件，舞人足踏长蛇，双手各执一盘，舞姿带有明显的印度风格。类似的文物资料，都可以证明这一通路在当时联系着中国西南地区与印缅地方的历史事实。"西南丝绸之路"后来曾经十分畅通，东汉时期所谓"海西幻人"即西亚杂技艺术家们，就曾多次经由这一通道来到洛阳表演。

由于张骞的努力，西域与汉帝国建立了正式的联系。张骞因此在西域地区享有很高的威望。后来的汉使，多借称"博望侯"的名号以取信于诸国。传说许多西域物产，如葡萄、苜蓿、石榴、胡桃、胡麻等，都是由张骞传入中土，这样的说法未必完全符合史实，但是张骞对正式开通丝绸之路的首功，却是永远不能磨灭的。唐人诗作中，"博望侯"已经成为英雄主义的一种文化象征，而与代表当时时代精神的侠风相联系。如虞羽客《结客少年场行》诗写道："寻源博望侯"，"长驱背陇头"。"天山冬夏雪，交河南北流。""轻生殉知己，非是为身谋。"也有将张骞事迹作为忠于国家的榜样的，如张说《将赴朔方军应制》诗："胆由忠作伴，心固道为邻。""剑舞轻离别，歌酣忘苦辛。从来思博望，许国不谋身。"

明人陈子龙《门有车马客行》诗写道："上客从何来？自言归西方。初随博望侯，展转居胡羌。月氏与大夏，其人皆渺茫。手持蒲萄树，口言宛马良。天子召上殿，往往拜为郎。男儿重尊贵，岂能还故乡？今年穷河源，应募辞明光。持节葱岭西，采玉昆山旁。星宿灿若木，青鸟东南翔。归见甘泉宫，日日祠神房。亲至弱水上，不载瑶池觞。何时下诸国？车驾驰西荒。诸侯朝层城，振旅还未央。"诗句描写远行的汉使在神秘的西方世界的种种见闻。对于所谓"西荒""西土""西洋"的向往，曾经是中原人的共同心态。

俄罗斯汉学家比楚林评价当时西域丝绸之路开通的意义时，曾经指出，"其在中国史的重要性，绝不亚于美洲之发现在欧洲史上的重要"。（狄雅可夫、尼科尔斯基编《古代世界史》）

张骞的出使，本来就是以建立军事联盟为目的的。在后来人的认识中，张骞的成就，似乎也主要是军功。如南朝梁人吴均《入关》诗写道："羽檄起边庭，烽火乱如萤。是时张博望，夜赴交河城。马头要落日，剑尾掣流星。君恩未得报，何论身命倾。"在许多人记忆中的张骞的形象,似乎首先是一位军人。

苏武:忠烈的楷模

唐人胡曾《咏史》组诗中有一首《居延》,其中写道:"漠漠平沙际碧天,问人云此是居延。停骖一顾犹魂断,苏武争禁十九年。"诗人感叹胡地的荒凉,随即为苏武被囚禁在北海长达十九年,依然坚定地维护汉节而表示了衷心的敬仰。

在著名的苏武出使故事中,苏武和他的副使常惠一同被匈奴拘禁十九年,直到汉昭帝始元六年(前81)方才回到汉地。常惠后来拜为光禄大夫,因为"明习外国事",转任典属国、右将军。他在本始三年(前71)护乌孙兵与汉兵五道击匈奴,因功封长罗侯。常惠曾经六至乌孙,一伐龟兹,又曾出车师北千余里,援救被匈奴围困的侍郎郑吉。在西汉王朝与乌孙之间的往来外交活动中,常惠发挥了重要的作用。近年甘肃敦煌汉代悬泉置遗址的考古发掘取得重要收获,出土木简所记录的接待长罗侯及其随从往来费用的资料,可以增益我们对这一时期中西交往的认识。

中国古代的使臣又称使节。这是因为使臣必须持节作为身份凭证的缘故。苏武作为汉使,被拘禁十九年,不为威胁利诱所动,至死不降匈奴。他的典型事迹,就是《汉书·苏武传》所记述的"杖汉节牧羊,卧起操持,节旄尽落",即以汉节为杖,昼夜手持不释,以致节上的旄完全脱落了。班固认为他是实践孔子提出的"志士仁人无求生以害仁,有杀身以成仁""使于四方，不辱君命"的原则的典范。苏武牧羊的形象，成为中国千百年来讲究"忠"与"节"的道德教育的榜样。

苏武的形象，曾经在民俗文化中有非常高的地位。据庄一拂先生在《古典戏曲存目汇考》中研究，历代有关苏武事迹的剧目，有《苏武牧羊记》（又称《苏武持节北海牧羊记》）又有《苏武和番》，"今昆剧所演，尚见《庆寿》《颁诏》《小逼》《大逼》《看羊》《望乡》《遣妓》《告雁》等出"。元杂剧有《持汉节苏武还乡》（又作《持汉节苏武还朝》）、《苏武还朝》《苏武持节》《英雄士苏武持节》。又传奇有《白雁记》，清杂剧有《雁书记》，也记述苏武故事。然而与苏武同时的张骞，却没有能够在古代舞台上留下高大的成功使臣的形象。有关张骞的剧目有《张骞泛浮槎》（又写作《张骞泛槎》《张骞乘槎》），清代曲谱又有《博望访星》《银汉槎》，都据《博物志》张骞寻河源至天河遇织女、牛郎的故事改编。张骞竟然步入虚无缥缈的仙界，于是其人格之真实遗失了，其功绩的价值也削减了。相反，苏武戏却正如有的文学家所说，作为一种"苦戏"，是最容易接近人情、博取人心的。张骞和苏武在后世文化天平上位置的高下，反映了中国传统文化在价值取向上厚此薄彼的微妙的倾斜。

这一现象并不单纯反映民间的文化倾向，其实也是与执政阶层的政治导向有关的。我们统计主要反映政治生活的正史"二十四史"除去《史记》《汉书》，再加上《清史稿》，即二十三史中的资料，"苏武"共出现38次，"张骞"则仅出现23次，后者只相当于前者的60.5%，悬殊是非常显著的。特别是后世，"张骞"的姓名在《宋史》和《明史》中竟然根本没有出现，在《清史稿》仅见1次，而"苏武"出现的次数，则有

《宋史》中2次,《明史》中1次,《清史稿》中4次。在这些资料中,"张骞"和"苏武"同时列名只有1例,这就是《新唐书·元琇传》所记载,元琇出使突厥,被囚禁数年,方得归还,唐高祖当面慰劳,称赞道:"卿不辱于虏,可辈苏武、张骞矣。"说他不为虏国所辱,可以与苏武、张骞并列了。在这里,"苏武"也名列"张骞"之前。

看来,在中国传统意识中,所谓"张骞立功异域",其实是不如"苏武不失其节"的,所谓"张骞怀致远之略",其实是不如"苏武以秃节效贞"的。这不仅体现了古来中国评价历史之"德"与"功"的尺度,前者更为重要的事实,或许也反映了长久以来中国人的观念中对于外事,也就是"异域"之事、"致远"之事的相对的轻视。

征和年间的动乱

神兽与羽人画像石。图中上刻玄武，左刻两只飞鹿及牵鹿羽人，右下刻九头人首神兽。现藏河南南阳汉画馆。

"巫蛊之祸"以神秘主义理念为意识背景,为王朝都城大规模流血事件为表现形式,作为发生于汉武帝统治晚期的一场剧烈的动乱,使汉帝国陷入严重的政治危机,也形成了深刻的社会震动,在中国古代政治史上演出了惊心动魄的一幕。

汉武帝的神仙迷信和长生追求

秦始皇和汉武帝都有沿海巡行的壮举,表露出一种特殊的海恋情结。秦皇汉武满怀热望,频繁奔赴东方海滨的主要动机,其实是向往神仙,追求不死。

司马迁在《史记·封禅书》中记录了汉武帝出巡海上的经历。第一次东巡前往海滨,是在元封元年(前110),汉武帝东巡海上,行礼祠"八神"。当时齐人上疏言神怪奇方者以万数,然而没有一个得到验证。于是竟然"乃益发船,令言海中神山者数千人求蓬莱神人",大举组织出航,派出数千名宣传蓬莱神山的方士海上求仙。这一年,汉武帝在于泰山行封禅之礼之后,又再次东行海上。因为封泰山时没有遭遇风雨之灾,方士们再次宣传蓬莱诸神若将可得,于是汉武帝再次东至海上远望,希望得见蓬莱神仙。第二年,也就是元封二年(前109)春天,公孙卿自称在东莱山看到神人,神人竟然还说希望见到天子。汉武帝于是拜公孙卿为中大夫,又来到东莱,宿留数日,然而一无所见。汉武帝再次派遣数以千计的方士求神怪采芝药。元封五年(前106),汉武帝又出行来到海滨。汉武帝再一次东巡海上,是在太初元年(前104)。他东至海上,考察入海及方士求神者,没有得见神仙的实证,然而依然派遣更多的方士继续寻求。他又亲自行临渤海,要望祀蓬莱神山。太初三年(前102),汉武帝又有海上之行:"东巡海上,考神仙之属,未有验者。"这句话,可以看作汉武帝东至海滨的出巡实践的总结。他一次次来到海边,期望找到求仙之路,然而方士们传播的神话,始终没有得到应验。

除了《史记·封禅书》中这5次记录外,《汉书·武帝纪》还记载了晚年汉武帝4次出行至于海滨的情形:

(天汉)二年春,行幸东海。
(太始三年)行幸东海,获赤雁,作《朱雁之歌》。幸琅邪,礼日成山。登之罘,浮大海。
(太始四年)夏四月,幸不其,祠神人于交门宫,若有乡坐拜者。作《交门之歌》。
(征和)四年春正月,行幸东莱,临大海。

汉武帝最后一次行临东海,已经是六十八岁的高龄。

元封五年汉武帝的海上之行,途中行历长江,有江上射蛟的壮举。《汉书·武帝纪》记载:

(元封)五年冬,行南巡狩,至于盛唐,望祀虞舜于九嶷。登潜天柱山,自寻阳浮江,亲射蛟江中,获之。舳舻千里,薄枞阳而出,作《盛唐枞阳之歌》。遂北至琅邪,并海,所过祠其名山大川。

对于"蛟",唐代学者颜师古解释说:"许慎云:'蛟,龙属也。'郭璞说其状,云似蛇而四脚,细颈,颈有白婴,大者数围,卵生,子如一二斛瓮,能吞人也。"

汉武帝"亲射蛟江中,获之",所杀获的,应当是扬子鳄。

汉武帝对于海上神仙的迷信和对长生不死的追求,使得东海方士再次活跃于朝廷。

方士李少君自称:臣曾经游于海上,见到仙人安期生,安期生食巨枣,大如瓜。于是汉武帝又派遣方士入海求蓬莱安期生等。后来李少君病死,出发前往海上求蓬莱安期生的方士没有收获,然而依然多有燕齐地方的方士前来报告有关神仙的见闻。有来自胶东的栾大说,臣经常往来海中,见到安期、羡门等仙人。栾大于是在几个月之间,大受信用,身佩六枚官印,贵震天下。于是海滨方士自称能够与神仙交往者络绎不绝。汉武帝对于这些妄言,亦信亦疑,半信半疑,时信时疑。在骗局揭穿之后,他处决过一些方士,但是随即又被新来的方士再次迷惑。

在汉武帝时代,可以看到方士暴起急落的人生轨迹。以方术震惊宫廷而"上尊之"的李少君,被封为"文成将军"的齐人少翁和被封为"五利将军"的胶东宫人栾大,他们从备受信用、极端显贵而意外猝死,荣辱与生死,都与汉武帝不寻常的心境有关。李少君隐瞒自己的真实年龄,自称能够避免衰老,善于制造"数百岁人也"的假象,然而却在极度富贵中病死。齐人少翁把帛书置于牛饲料中,而伪装不知,宣称发现这头牛的腹中有异象。然而终以笔迹败露,被汉武帝处死。栾大因不敢入海,骗局揭露被杀。以栾大为例,元鼎四年(前113)春,栾大封侯。元鼎五年(前112)九月,就被处死。这位曾经被汉武帝看作"天若遣朕士"的方士，虽一时"贵震天下"，然而只风光了一年半左右，就全面败露而陷于死地。

东海方术之学的鼎盛时代，在汉武帝以后即宣告结束。或许可以说，汉武帝通过亲身的试验，使得西汉王朝的最高执政集团终于明白了以海滨为基地的这种神仙信仰的荒诞。

唐人曹唐《汉武帝将候西王母下降》诗："昆仑凝想最高峰，王母来乘五色龙。歌听紫鸾犹缥缈，语来青鸟许从容。风回水落三清月，漏苦霜传五夜钟。树影悠悠花悄悄，若闻箫管是行踪。"又《汉武帝于宫中宴西王母》诗："鳌岫云低太一坛，武皇斋洁不胜欢。长生碧字期亲署，延寿丹泉许细看。剑佩有声宫树静，星河无影禁花寒。秋风袅袅月朗朗，玉女清歌一夜阑。"都描绘了汉武帝求仙热情的旺盛。唐代诗人李贺《仙人》诗写道："弹琴石壁上，翻翻一仙人。手持白鸾尾，夜扫南山云。鹿饮寒涧下，鱼归清海滨。时时汉武帝，书报桃花春。"宋代史学家司马光《读汉武帝纪》诗也写道：

> 方士陈仙术，飘飘意不疑。
> 云浮仲山鼎，风降寿宫祠。
> 上药行当就，殊庭庶可期。
> 蓬莱何日返，五利不吾欺。

也说到汉武帝对"仙术"深信"不疑"的心态特征。司马光又有《汉宫词》："苜蓿花犹短，蒲萄叶未齐。更衣过柏谷，走马宿棠梨。逆旅聊怀玺，田间共斗鸡。犹思饮云露，高举出虹霓。"说汉武帝有旷达潇洒的一面，但是面对生死，依然难以跳出世俗迷信。"长生无极"的妄想，也寄托在宫苑建筑中。"犹思饮云露，高举出虹霓"，说的是承露盘。

《三辅黄图》中，三次说到承露盘。卷一《都城十二门》写道："长安城北出东头第一门曰洛城门，又曰高门。《汉宫殿疏》曰：'高门，长安北门也。又名鹳雀台门。外有汉武承露盘，在台上。'"卷三《建章宫》有对汉武帝营造的建章宫的描述："神明台，《汉书》曰：'建章有神明台。'《庙记》曰：'神明台，武帝造，祭仙人处。上有承露盘，有铜仙人舒掌捧铜盘玉杯，以承云表之露。以露和玉屑服之，以求仙道。'《长安记》：'仙人掌大七围，以铜为之。魏文帝徙铜盘，折，声闻数十里。'"卷五《台榭》说到甘泉宫通天台也有承露盘："通天台，武帝元封二年作甘泉通天台。《汉旧仪》云：'通天者，言此台高通于天也。'《汉武故事》：'筑通天台于甘泉，去地百余丈，望云雨悉在其下，望见长安城。''武帝时祭泰乙，上通天台，舞八岁童女三百人，祠祀招仙人。祭泰乙，云令人升通天台，以候天神。天神既下祭所，若大流星，乃举烽火而就竹宫望拜。上有承露盘，仙人掌擎玉杯，以承云表之露。元凤间自毁，椽桷皆化为龙凤，从风雨飞去。'《西京赋》云：'通天眇而竦峙，径百常而茎擢。上瓣华以交纷，下刻陁其若削。'亦曰候神台，又曰望仙台，以候神明望神仙也。"

汉武帝的神仙意识在历史上常常受到指责。

唐人崔涂《续纪汉武》诗写道："分明三鸟下储胥，一觉钧天梦不如。争那白头方士到，茂陵红叶已萧疏。"唐人许浑的诗作《学仙二首》写道："汉武迎仙紫禁秋，玉笙瑶瑟祀昆丘。年年望断无消息，空闭重城十二楼。""心期仙诀意无穷，采画云车起寿宫。闻有三山未知处,茂陵松柏满西风。"都讽刺汉武帝学仙不成,最终还是长眠于茂陵松柏之下。李华的《咏史诗》说得更为直接:"日照昆仑山,羽人披羽衣。乘龙驾云雾,欲往心无违。此山在西北,乃是神仙国。灵气皆自然,求之不可得。何为汉武帝,精意遍群山。糜费巨万计,宫车终不还。苍苍茂陵树,足以戒人间。"茂陵的苍苍林木,提供给后人永远的鉴戒。

宋人葛立方《韵语阳秋》卷一二写道:"(汉武帝)斋戒求仙,毕生不倦,亦可谓痴绝矣。李颀《王母歌》云:'武皇斋戒承华殿,端拱须臾王母见。手指元梨使帝食,可以长生临宇县。'又云:'若能炼魄去三尸,后当见我天皇所。'观武帝所为,是能炼魄去三尸者乎?善哉东坡之论也,'安期与羡门,乘龙安在哉!茂陵秋风客,劝尔麾一杯。帝乡不可期,楚些招归来。'言武帝非得仙趾姿也。又有《安期生诗》云:'尝千重瞳子,不见龙准翁。茂陵秋风客,望祀犹蚁蜂。海上如瓜枣,可闻不可逢。'言安期尚不见高祖,而肯见武帝乎?其薄武帝甚矣。吴筠《览古诗》云:'尝稽真仙道,清淑秘众烦。秦皇及汉武,焉得游其藩。既欲先宇宙,仍规后乾坤。崇高与久远,物莫能两存。矧乃恣所欲,荒淫伐灵根。安期反蓬莱,王母还昆仑。'此诗殆与东坡之旨合。"人们鄙薄汉武帝求仙的"痴绝",是正确的,然而连带这位帝王多欲有为的性格,甚至他的一系列政策一同批判,取"薄武帝甚"的态度,则应当进行必要的分析了。

不管怎么说,狂热的求仙渴望,是汉武帝精神生活的一个重要方面。我们通过汉武帝对神仙方术的态度,可以看到这位历史人物的短见和远识、偏执和浪漫、迷妄和智思，如何交错于胸，形成了特殊的心态。

太子刘据和他的博望苑人才集团

戾太子刘据，是汉武帝的儿子，生母为卫皇后卫子夫。

为什么叫作"戾太子"呢？

刘据是一个悲剧人物。"戾"，是刘据死后的谥号。对于这里"戾"的解释，有不同的意见。有人说是有罪，有人说是犯了过失。戾太子，或许还有不听话的太子，古怪的太子，倒霉的太子的意思。

汉武帝二十九岁时，刘据才出生。汉武帝非常喜爱他。刘据长大以后，性格和顺谨慎。汉武帝嫌他智能一般，才具平常，不像自己。而后宫又陆续有其他子嗣，所爱幸的王夫人生子刘闳，李姬生子刘旦、刘胥，李夫人生子刘髆。皇后卫子夫和太子刘据都感觉到宠爱递减的危机，心不自安。汉武帝也意识到这一点。为安抚卫家，有一次，他对刘据的舅舅、大将军卫青说，汉家建国匆促，加上四夷侵扰中国，朕不变更制度，则后世无所遵循；不出军征发，则天下不能安定；如此不可能不使民众加重负担。如果后世有人仍然继续沿袭这样的政策，那么，就是在重蹈秦王朝灭亡的覆辙了。太子性格稳重好静，一定能够安定天下，是能够让我放心的继承人。要寻找守文的君主，难道还有贤于太子的吗？

和汉武帝严厉的执法风格相反，太子刘据性情宽厚，政治倾向也比较温和。

刘据成年之后，汉武帝为他设立"博望苑"，让他和宾客们交往，对他的言行不做限制，于是多有持不同政见者来到刘据身边。当时，"博望苑"已经聚集了一批有政治眼光和政治能力的人。

有人说，刘据所以后来走向败亡，正是因为"博望苑"的缘故。

宋人许月卿《百官箴》卷二写道："武帝之年才二十九得子，谓晚喜，而命赋立博望苑，从其所好，多进异端，焉得不败！"认为刘据接近了"异端"思想，因而终于导致败亡。戴溪《西汉论·武帝二》说："卫太子开博望苑，以通宾客，淮南王安好文学，喜立名誉，招致宾客，皆以此取败。"以为身边"宾客"的集结，是刘据"取败"的缘由。王夫之《读通鉴论》卷七也说："汉武开博望苑，而太子弄兵。"

很可能汉武帝和刘据情感裂痕的最初生发，确实是由于"博望苑"人才集团的存在。

司马迁在《史记·卫将军骠骑列传》最后写道，苏建曾经对他说：我曾指出大将军至为尊贵，而天下的贤士大夫却少有称誉，愿将军借鉴古名将交结名士贤者的先例，有所努力。卫青却拒绝了这样的建议。他说：自魏其侯窦婴和武安侯田蚡厚结宾客，天子常切齿。亲近士大夫，招其贤者，绌其不肖者，是皇帝的权力，臣下只需奉法遵职而已，何必招士呢！司马迁说，霍去病也遵守着这一原则。

卫青可以说真正了解汉武帝的内心。汉武帝曾经对田蚡说：你荐举的官吏说完了吗？我也有要荐举的官吏呢。我们确实可以从这语句之中听到恨恨之声。

刘据在参与议政时对于汉武帝用法残厉，信用酷吏的做法有意扭转，于是得到百姓的欢迎，而执法大臣们自然内心不高兴。

汉武帝晚年，临近政权交递时节，国家政治进入了微妙的时期。

政治权力的转移，对于最高执政者本人来说，是非常严重的事。即使是他自己选定的继承人，也难免面对苛刻挑剔的目光。在父子行政倾向有所不同的情况下，心理裂痕会越来越明显。

据《资治通鉴》卷二二"汉武帝征和二年"记载，汉武帝"体不平，遂苦忽忽善忘"，而"性仁恕温谨""宽厚""守文"，与汉武帝政治风格多有差异的太子刘据对汉武帝"用法严，多任深刻吏"的做法"多所平反"，于是"得百姓心，而用法大臣皆不悦"。在这种极特殊的政治背景下，具有极敏感的政治嗅觉，又有投机之心，受到汉武帝特殊信任并赋予重要权力的直指绣衣使者江充，利用汉武帝父子政治倾向不同的矛盾，制造了太子宫中埋木人行"巫蛊"的冤案。

巫蛊之祸

刘据的命运，是因为"巫蛊之祸"而发生重大转折的。

汉武帝晚年，行政苛烦，为法严厉，而且迷信方士神巫，年迈多疑，喜怒无常。《汉书·武五子传·戾太子刘据》说："上春秋高，意多所恶"，又多病，"以为左右皆为蛊道祝诅。"于是指使酷吏清查"巫蛊"，严刑逼供，形成空前的大狱，据说有数万人冤死,这就是西汉史上著名的"巫蛊之祸"。"祝诅",就是祝告鬼神,以加祸于仇人。

洪迈《容斋续笔》卷二"巫蛊之祸"条写道:"是时帝春秋已高,忽而好杀,李陵所谓法令无常,大臣无罪夷灭者数十家。"而"心术既荒,随念招妄","迷不复开",也是巫蛊之祸发生的原因之一。

"巫蛊之祸"随即引发了都城长安以汉武帝调动和指挥的政府军为一方,与以太子刘据发动的长乐宫卫戍部队、武装市民为另一方的直接的战争。鏖斗之激烈,据说伤亡数以万计,大路两旁的沟水,都被鲜血染红。"巫蛊之祸"作为发生于汉武帝统治晚期的一场剧烈的动乱,使汉帝国陷入严重的政治危机,也形成了深刻的社会震动,在中国古代政治史上演出了惊心动魄的一幕。

"巫蛊",本来是以民间礼俗迷信作为观念基础而施行的加害于人的一种巫术形式。"蛊"的原义,大约是以毒虫让人食用,使人陷于病害。《说文·虫部》写道:"蛊,腹中虫也。《春秋传》曰:皿虫为蛊,晦淫之所生也。"汉武帝时代所通行的"巫蛊"形式,大致是用桐木削制成仇人的形象,有的插刺铁针,埋入地下,用恶语诅咒,以为能够使对方罹祸。有学者称此为"偶像伤害术"。《红楼梦》第二十五回《魇魔法叔嫂逢五鬼,通灵玉蒙蔽遇双真》中,说赵姨娘买通马道婆"暗里算计"凤姐和宝玉,就使用了这种巫术。马道婆抓了银子,收了欠契,"又向裤腰里掏了半晌,掏出十个纸铰的青面白发的鬼来,并两个纸人,递与赵姨娘,又悄悄地教他道:'把他两个的年庚八字写在这两个纸人身上,一并五个鬼都掖在他们各人的床上就完了。我只在家里做法，自有效验'"。马道婆做法果然有效验，"只见宝玉大叫一声：'我要死！'将身一纵，离地跳有三四尺高，口内乱嚷乱叫，说起胡话来了"。随后，"宝玉益发拿刀弄杖，寻死觅活的，闹得天翻地覆"，"登时园内乱麻一般。正没个主见，只见凤姐手持一把明晃晃钢刀砍进园来，见鸡杀鸡，见狗杀狗，见人就要杀人"。后来，"他叔嫂二人愈发糊涂，不省人事，睡在床上，浑身火炭一般，口内无般不说"。邓启耀《中国巫蛊考察》曾经写到这种巫术形式在近世民俗中的表现："用纸人、草人、木偶、泥俑、铜像乃至玉人作被施术者的替身，刻写其姓名或生辰八字，或取得被施术者身上的一点毛发、指甲乃至衣物，做法诅咒后或埋入土中，或以针钉相刺，据说，被施术者就会产生同样的反应：刺偶像的哪个部位，真人的哪个部位就会受到感应性伤害。为了折磨仇家，施术者往往在偶像上遍钉铁钉并合厌以魔鬼偶像，最后才以巨钉钉心，弄死对方。"

"巫蛊"曾经是妇女相互仇视时发泄私愤的通常方式之一。汉代宫廷妇女和贵族妇女中因嫉妒而使用"巫蛊"之术，使得这种迷信意识严重侵入上层社会生活。

汉代宫廷中"巫蛊"事，以民间巫术的兴起为背景，同时又助长了神秘主义意识在社会礼俗中的渗透。

汉武帝晚年"巫蛊之祸"的发生，因卫皇后的女儿诸邑公主、阳石公主案拉开了序幕。

征和二年（前91），有人举报丞相公孙贺的儿子公孙敬声与阳石公主私通，又派人用巫术诅咒汉武帝，并且在汉武帝经常经过的甘泉宫驰道埋偶人（颜师古注："甘泉宫在北山，故欲往皆言上也。刻木为人，象人之形，谓之'偶人'。"），祝诅之言十分恶毒。于是公孙贺父子死于狱中,整个家族都被处死。《汉书·武帝纪》记载:"二年春正月,丞相贺下狱死。"数月之后,卫皇后的女儿诸邑公主和阳石公主都因为巫蛊罪行处死。

汉武帝病重时,江充奏言皇帝的疾祟在于"巫蛊",于是汉武帝以江充为使者治"巫蛊"。江充率领胡巫掘地寻求偶人,逮捕施行巫术的嫌疑人,严加拷问。有人说,他们挖出来的偶人,常常就是他们故意预先埋设的。他们逮捕所谓"夜祭祠祝诅者",也往往是由胡巫以酒洒地,伪造现场。按照颜师古的分析,是"(江)充遣巫污染地上,为祠祭之处,以诬其人也"。所以少傅石德在劝太子刘据起兵诛江充时说:前丞相公孙贺父子、两公主及卫氏亲族都因此致罪,现在又有胡巫和使者掘地得征验,不知是胡巫事先放置的,还是真的就有,根本无以自明。

《汉书·武五子传·戾太子刘据》记载:江充主持查办"巫蛊"案,预先体会汉武帝的疑心,称宫中有蛊气,进入后宫以及朝廷最高执政集团办公地点,到处挖掘,甚至御座也被破坏。据说他们在太子宫"掘蛊"时,真的找到了六个针刺桐木人。江充肆无忌惮,似乎事先得到了汉武帝的某种明示或暗示,所以敢于在宫中"掘蛊",甚至直接冲犯皇后和太子。

当时汉武帝患病,在甘泉宫避暑休养,长安只有皇后、太子在。太子刘据处于极被动的形势下,召问少傅石德,石德说,巫蛊大案,可能是江充等人有意制造,现在圣上住在甘泉宫,但是皇后及家吏请问都没有回音,至今存亡未可知,而奸臣如此猖獗,太子难道忘记了扶苏的教训吗?(秦始皇东巡途中去世,赵高、李斯、胡亥发动政变,伪造秦始皇遗诏,逼令秦始皇长子扶苏自杀,使胡亥得以取得帝位。)石德用秦公子扶苏的悲剧警告刘据,刘据于是下决心起兵杀江充。征和二年(前91)七月壬午这一天,派宾客以使者身份收捕江充等人。又向皇后汇报,发中厩车载射士,出武库兵,发长乐宫卫,告令百官曰江充反。于是斩江充示众,又将胡巫烧死在上林中。

一直被看作温良敦厚的刘据,这时候显示出了英雄气概。

面对政府军的进攻,刘据动员数万市民战于长安城中,汉代最严重的政治动乱"巫蛊之祸"爆发。

当时在甘泉宫休养的汉武帝命令严厉镇压太子军,又具体指示:捕斩反者,根据功过,自有赏罚;以牛车作掩护,避免短兵相接,力争多杀伤士众;坚闭城门,不要让反者逃出。

汉武帝迅速回到长安,停住城西建章宫,下诏调集三辅近县兵员,亲自进行指挥。太子军与政府军大战五日,死者数万人。太子兵败,出城东逃,在追捕中自杀。

"巫蛊之祸",是汉武帝统治晚期发生的一场特别剧烈的政治风暴,导致了汉帝国统治上层严重的政治危机。

思子宫和归来望思之台

事变之后,"巫蛊"冤案的内情逐渐显现于世。

汉武帝知道太子发兵只是由于惶恐无奈,并没有其他意图,又接受了一些臣下的劝谏,内心开始有所悔悟。

他下令诛灭江充全族,将江充的同党苏文焚死在横桥上。汉武帝哀怜太子无辜,在刘据去世的地方筑作思子宫与归来望思之台,以示怀念之意。

据说天下听说这一情形，都为刘据哀伤。

思子宫和归来望思之台，后来也成为诗人吟咏的对象。

这里不妨抄录几首以"望思台"为题的古诗，借以了解戾太子刘据这位历史人物和巫蛊冤案这一历史事件所造成的文化影响。

> 望思台 〔唐〕郑还古
> 谗语能令骨肉离，奸情难测事堪悲。
> 何因掘得江充骨，捣作微尘祭望思。
>
> 望思台 〔唐〕汪遵
> 不忧家国任奸臣，骨肉翻为蔓路人。
> 巫蛊事行冤莫雪，九层徒筑见无因。
>
> 望思台 〔唐〕胡曾
> 太子衔冤去不回，临高徒筑望思台。
> 至今汉武销魂处，犹有悲风木上来。
>
> 望思台 〔唐〕张九龄
> 汉武年高慢帝图，任人曾不问贤愚。
> 直饶四老依前出，消得江充宠佞无。
>
> 望思台 〔宋〕强至
> 一朝木偶发深宫，父子恩隳晻暧中。
> 不见戾园埋恨处，至今草木有悲风。

我们在《宋诗纪事》卷七一中看到一首《汉武帝》诗，其中写道："殿号长秋花寂寂，台名思子草茫茫。尚无人世团圞乐，枉认蓬莱作帝乡。"诗句在讽刺汉武帝迷信神仙的同时，感叹他父子永别，无从享受"人世团圆乐"的深心哀痛。

政治导致的人性的异化，使得政治人物的亲情关系已经和常人完全不同了。

英雄手笔《轮台诏》

我们在这里还可以再引录另一首关于"望思台"的诗作。这是宋人陈普的《武帝》诗：

> 几多爱子出萧关，山积胡沙骨未还。
> 好把望思台上泪，随风北出洒阴山。

诗人说，望思台的修筑，表达了汉武帝的"思子"之心。可是要知道，因为你的错误，并不只是你自己的一个儿子冤死，在频繁的战争中，"几多"百姓的"爱子"千里"出萧关"远征，最终埋葬于"胡沙"的累累白骨，牵系着多少父母的思念啊！"好把望思台上泪，随风北出洒阴山"，把对自己的儿子的思念，转化为对以往政策的深刻检讨，这才是一个真心悔过的帝王应当做的呢。陈普的另一首《李广李陵》诗，也饱含对"萧关""阴山"野战牺牲以及全国社会经济凋敝的伤感之心："茂陵无奈太仓陈，槐里家传本助秦。万落千村荆杞满，陇西桃李亦成薪。"他的另一首《武帝》诗，也有同样的情感寄托："五十余年四海波，建元三载尽征和。中央寸土才无血，沃日浇天瓠子河。"

汉武帝筑"归来望思"之台，看来确实不仅仅是寄托着对刘据的思念，也表达了对刘据的政治倾向和政治风格的认可。

刘据曾经对汉武帝好大喜功，动不动就出军远征的政策提出过不同意见。汉武帝笑着说：我来承担这份劳累，把安逸留给你，这难道不可以吗！

"巫蛊之祸"发生之后，汉武帝终于有所觉醒。

他及时利用汉王朝西域远征军战事失利的时机，开始了基本政策的转变。

有大臣建议在轮台（今新疆轮台东）屯兵，扩大汉帝国在西域的影响，逐步将长城修筑到塔里木河流域。

汉武帝否定了这一建议。

征和四年（前89），汉武帝公开宣布：朕即位以来，所作所为狂悖，使天下人愁苦，不可追悔。从今以后，凡有伤害百姓，糜费天下的政策法令，统统予以罢除！

他颁布的这一诏书，是以"轮台"军事作为由头的，历史上称作"轮台诏"。

回顾以往远征车师的战役，因为路途遥远，死于途中的将士竟然多达数千人，汉武帝对此深表悔恨。而轮台更在车师以西千余里，他于是坚定地拒绝了将西域战争继续升级的建议，又表示当今最重要的，在于严禁苛暴之政，防止给予民众过重的负担，努力促进农耕经济的发展，决意把行政重心转移到和平生产方面来。

汉武帝特意封丞相田千秋为"富民侯"，以表明与民休息、发展经济、养护百姓的决心。

轮台诏被誉为表达了"仁圣之所悔"的政治典范。

司马光在《资治通鉴》卷二二"汉武帝征和四年"一节，曾经这样评价汉武帝：汉武帝穷奢极欲，繁刑重敛，于内生活消费极端奢侈，对外频繁发动战争，又迷信神怪，巡游无度，导致百姓疲敝，不得不起来反抗。他的作为，和秦始皇几乎没有什么差别。但是，秦始皇导致了秦王朝的灭亡，汉武帝却使得汉王朝振兴，这是为什么呢？因为汉武帝"能尊先王之道，知所统守"，能够遵行儒家坚持的政治原则，又能够"受忠直之言，恶人欺蔽，好贤不倦"，听从忠直的臣下的意见，不容忍坏人的欺蔽，始终尊贤爱士，而且诛罚严明，特别是"晚而改过，顾托得人"，晚年能够认识自己的政治失误，改正自己的政治失误，对于继承人的选择和辅佐新帝的大臣的人事安排都比较正确，所以虽然犯有导致秦王朝灭亡的同类的错误，却避免了如同秦王朝灭亡那样的政治灾难。

所谓"受忠直之言，恶人欺蔽，好贤不倦"，"晚而改过，顾托得人"，不仅反映出汉武帝个人性格的有关特征，也反映出西汉政治体制的重要进步，就是说，与秦王朝僵冷而毫无弹性的行政制度不同，政府的重大政治缺误已经可以在一定程度上进行自我修补。

"巫蛊之祸"这种在王朝都城的市中心发生大规模流血事件，又以正规军武装平定政治动乱的情形，在历史上是绝无仅有的。

而汉武帝在事后的处理方式，在历史上也是绝无仅有的。

正如田余庆在《秦汉魏晋史探微》中分析"巫蛊之祸"前后的历史过程时所指出的："历史动向向我们昭示，汉武帝作为早期的专制皇帝，实际上是在探索统治经验，既要尽可能地发展秦始皇创建的专制主义中央集权的统一国家，又要力图不蹈亡秦覆辙。在西汉国家大发展之后继之以轮台罪己之诏，表明汉武帝的探索获得了相当的成功。汉武帝罪己之诏虽然不能像所谓'禹汤罪己,其兴也勃焉'那样,臻汉室于鼎盛,毕竟挽回了将颓之局。不过,轮台诏能够奏效,是由于它颁行于局势有可挽回之际,而且有可挽回之方。""所以汉武帝虽然提供了专制帝王收拾局面的先例,而直到有清之末为止的王朝历史中,真能成功地效法汉武帝以'罪己'诏取得成效的皇帝,却不多见。"

中国古代帝王能够意识到自己的政治失误并且致力于扭转补救,是难能可贵的,其方式有许多种。一般情况下,尽管在实际上对失误有所纠正,然而在口头上对于失误却并不愿意公开承认。如汉武帝"轮台诏"这样正式沉痛地向全民公开承认自己的重大失误,在历史上是极其罕见的。

元人叶德新《望思台》诗回顾了从"巫蛊之祸"到"轮台下诏"的历史,并发表了这样的感慨:

汉武求仙惑山鬼,仙人不来巫蛊起。
绣衣直指向人间,思子宫成泪如水。
秋风慷慨歌楼船,轮台下诏犹凄然。
省躬罪己恨不已,穷兵黩武夸当年。
奸臣并诛方士息,戾园秋草凄凄碧。
功名独羡富民侯,高庙微言感胸臆。

明人佘翔《九鲤湖歌招道士》诗对于汉武帝仍以批评为主,认为"轮台诏"虽然颁布,但是已经太晚了,已经无法补救海内虚耗,户口减半的社会灾难:"汉武求仙开桂馆,文成五利朝中满。十二楼成海内虚,轮台诏下悔何晚。"明人吴鼎《读史有感》诗则主要以赞颂的笔调评价"轮台诏",其中有"汉武雄才世莫伦,轮台一诏见天真"句。"天真"两个字,很值得品味。

明代思想家李贽《史纲评要》也称汉武帝晚年的这一历史变局为"天下大坏而得以无恙",他曾经这样评价汉武帝的"轮台诏":"汉武惟此一诏可谢高帝、文帝","过天地之风雷,可不勇哉!"

"昭宣中兴"的奠基人

汉武帝事迹图像,出自《帝王道统万年图册》,明,仇英绘。现藏台北故宫博物院。

汉武帝在召画工图画周公负成王之后数日，严厉斥责钩弋夫人。夫人脱簪珥叩头请罪，汉武帝仍然命令押送掖庭狱惩处。夫人回头还顾，汉武帝竟厉声喝令她尽快离开。

夫人死于云阳宫，据说当时暴风扬尘，百姓感伤。钩弋夫人在夜色中被草草安葬，墓上只作了简单的标识。传说"殡之而尸香一日"，殡殓之后，她的遗体整天散发着香气。

钩弋故事

汉昭帝的生母钩弋夫人出身于河间。汉武帝巡狩经过河间的时候，望气者说，云气显示，此地有奇女子。汉武帝于是急令使者召见。

面见皇帝时，这女子两手握拳，汉武帝亲自为她展开指掌。由是得幸，号曰"拳夫人"。

"拳夫人"进为婕妤，居于钩弋宫，大受宠爱。太始三年（前94）生了皇子刘弗陵。刘弗陵号"钩弋子"，据说怀孕14个月才临产。汉武帝说：听说古时帝尧14个月才出生，今钩弋子也是同样。于是宣布将刘弗陵所出生宫殿的宫门改名为"尧母门"。

后来卫太子刘据败亡，而燕王刘旦、广陵王刘胥多有过失，宠姬王夫人的儿子齐怀王、李夫人的儿子昌邑哀王都过早去世，而钩弋子年五六岁时，健康聪明，汉武帝常说"这孩子像我"，又感念他的出生与众不同，心中十分喜爱，有心立为太子，只是因为年幼，担心即位后女主专恣扰乱国家政治，长期犹豫不决。

汉武帝临终时,确定以少子刘弗陵为继承人,这就是后来的汉昭帝。

然而,刘弗陵的生母钩弋夫人却因此被逼身亡。

帝位继承问题,是汉武帝在他帝王生涯的最后时刻苦心思虑的政治难题。

卫太子刘据被废后,一直没有再立太子。而燕王刘旦上书,愿放弃其封国入长安在汉武帝身边担任宿卫。汉武帝明白其政治企图,大怒,当时就在未央宫北阙将其使者处斩。

汉武帝居住在甘泉宫,召画工图画周公背负少年周成王的画面。于是左右群臣知道了汉武帝有意立少子为继承人的心迹。此后不过数日,汉武帝所宠爱的钩弋夫人即死于云阳宫。

钩弋夫人之死,体现出汉武帝作为一位强有力的帝王,其谋虑之深远和手段之毒辣。

据《史记·外戚世家》中褚少孙的补述,汉武帝在召画工图画周公负成王之后数日,严厉斥责钩弋夫人。夫人脱簪珥叩头请罪,汉武帝仍然命令押送掖庭狱惩处。夫人回头还顾,汉武帝则厉声呵斥道:快走,你别想再活着了!

夫人死于云阳宫,据说当时暴风扬尘,百姓感伤。钩弋夫人在夜色中被草草安葬,墓上只作了简单的标识。传说"殡之而尸香一日",殡殓之后,她的遗体整天散发着香气。

其后汉武帝闲居,问左右说,对这件事,人们有什么议论吗?左右答道:人们说,将立其子,为什么要除去其母呢?汉武帝说:是啊,这确实是一般人不能明白的。往古国家所以变乱,往往是由于主少母壮。女主独居骄蹇,淫乱自恣,没有什么力量可以制约。你们没有听说过吕后事件吗？

历史学者褚少孙于是感叹道：汉武帝的这种做法，可以称为"贤圣"，"昭然远见，为后世计虑，固非浅闻愚儒之所及也"。后人定其谥号为"武"，岂能是没有根据的！

帝王心态，果然狠忍异常，所谓"昭然远见，为后世计虑"，以致如此，足见政治人出于政治目的，可以表现出个人情感的严重异化。

有人批评汉武帝的这种做法"违天理而拂人情"（[金]王若虚《君事实辨》），以为既不合天理，又背离人情。也有人说，"武帝此举，残忍不经，殊非正家裕后之义。"（[明]张宁《读史录·武帝》）如此残厉的作为，是无从为后世宗族树立典范的。汉武帝对钩弋夫人的手段，固然对维护汉家天下的大局有利，但是对钩弋夫人本人来说，实在是残忍无情。专制帝王薄情冷血的心性，因此暴露无遗。然而也有人站在维护汉王朝政治统治的立场上看待"武帝此举"，竟有肯定的评论。如元代文名甚盛的张养浩，就有《吕后》诗："妇人阴类狠淫俱，故德元勋半坐诛。钩弋后来非命死，茂陵刚断古今无。"作者自注："惜高祖不诛此妇也。"以刘邦不诛吕后致使功臣多遇害，对比汉武帝的"刚断"，也可以算是一种特别的历史认识了。

据说汉武帝内心依然思念钩弋夫人，为她专门在甘泉宫修筑了一座通灵台。经常有一只青鸟往来台上，一直持续到汉昭帝即位的时候。唐人张祜《钩弋夫人词》因此写道："惆怅云陵事不回，万金重更筑仙台。莫言天上无消息，犹是夫人作鸟来。"其中"惆怅"二字，似是诗人想象的帝王心态。也有人说，汉昭帝即位后，改葬其母，打开棺椁，只有丝制的鞋履依然存留。这样的传说，暗示钩弋夫人已经仙化。

元人杨维桢《咏女史·钩弋夫人》有这样的内容："婕仪未换母仪尊，闻道君王已寡恩。太子宫中无木偶，可无鞠域到尧门。"诗句指责"君王"的"寡恩"。明人沈德符《天启宫词八首》其八写道："六宫抆泪但吞声，后命何须罪有名。钩弋竟传尸解去，圣人依旧戏昆明。"则表露出某种批判的意味了。所谓"钩弋竟传尸解去"，说到了棺中"但存丝履"的传说。

武帝的临终遗诏

河西地区的戈壁荒沙之中，往往在汉代人的居址附近，可以发现当时书写文字的残简。在这些残断的木片竹片上，有时可以发现重要的历史文化信息。

甘肃玉门花海汉代烽燧遗址出土的简牍中，有1件七面棱形觚，前半部分是一篇诏书的抄件，计133字：

> 制诏：皇大子，朕体不安，今将绝矣！与地合同，众（终）不复起。谨视皇天之笱（嗣），加曾（增）朕在，善禺（遇）百姓，赋敛以理；存贤近圣，必聚糈士；表教奉先，自致天子。胡孩（亥）自泥（圯），灭名绝纪。审察朕言，众（终）身毋失。苍苍之天不可得久视，堂堂之地不可得久履，道此绝矣！告后世及其孙子，忽忽锡锡，恐见故里，毋负天地，更亡更在，去如舍庐，下敦间里。人固当死，慎毋敢佭。

有学者分析，这可能是汉武帝后元二年（前87）二月临终遗诏之一。大意是说：朕身染重病，势将不起，希望皇太子今后能够谨慎使用皇天赋予的权力，较朕在位时更加善待百姓，赋敛有度，接近贤能，集合才士，遵奉名教，躬行祖制，靠自身的道德和才能管理天下。秦二世自取灭亡，又使先祖的帝业走向崩溃，这一教训应当牢记。

诏书中又多感伤之词，如"苍苍之天不可得久视，堂堂之地不可得久履，道此绝矣！"出自一位一生都勇健豪放、自信有为的雄主之口，体现出任何人在步履生命末途时都难以避免的凄切哀怨的心态。

汉武帝立皇子钩弋夫人男为太子，虽然考虑许久，但是最后的决策，其实是比较仓促的。他同时指令大将军霍光、车骑将军金日磾、御史大夫桑弘羊，及丞相田千秋并受遗诏，辅佐少主。

一个新的政治结构，在汉武帝的谋划下建立了起来。

历史进入汉昭帝时代，发生了一些转折。

宋代学者钱时在《两汉笔记》中曾经这样评价汉武帝对自己后事的安排："武帝好大喜夸多欲之主也。一时人材纷然猬集，凡有以中其欲者，皆得而从臾之。"认为汉武帝好大喜功，多欲有为，又特别喜欢听赞美顺从之辞。所以许多人迎合汉武帝的心理，所提建议都能落实。方士致力求仙，江充大治巫蛊，都是由于迎合汉武帝之心，导致了行政原则的不确定。"东飘西泊，泛泛然如风萍之在江湖，略无主宰，良可悯笑"。政治的失误，往往留下笑柄。但是，晚年汉武帝对身后政治结构的设计，却表现出异常的清醒。"身后之谋，先事而定，所见卓然，断不他属。"看来，汉武帝确实是一代英主，"于此见帝天姿本高，从前浮念，至是扫灭，而真见特达乃如此，汉祚之所以未艾欤！"汉王朝的统治之所以又能够继续，实在是因为他"所见卓然，断不他属"，即判断的准确和执行的果断。

富民侯田千秋

"富民"，是文景时代已经获得成功的正确国策。被汉文帝越级升迁而任太中大夫的洛阳少年贾谊曾经建言重视农耕，以为这样则可以"为富安天下"。这位具有敏锐政治眼光的思想家以经济发展保证政治安定的战略预想，在文景时代基本实现了。

文景之治之所以能够成就盛世，正是因为"为富安天下"的政策的成功。

贾谊《新书·无蓄》中，也有"可以为富安天下"的话。可见，所谓"为富安天下"，是贾谊常常萦系于心的一种政治愿望。贾谊在其他地方也曾经提出治国务在"安民"的观点。他在《过秦论》中写道："牧民之道，务在安之而已矣。"指出管理民众，最重要的是要让他们安居乐业。治国务在"安民"的主张，是儒学民本思想的基本内容之一。贾谊《新书·大政上》写道："闻之于政也，民无不为本也。国以为本，君以为本，吏以为本。"他又指出："夫民者，至贱而不可简也，至愚而不可欺也。故自古至于今，与民为仇者，有迟有速，而民必胜之。"民为邦本，民众虽然至贱至愚，却不可以简慢，不可以欺压。在任何时代，敢于与民众为敌者，或早或晚，最终将为民众所战胜。而以民为本的治国思想，应当落实于使民众能看得见、摸得到物质利益的有效政策上。对于这样的主张，贾谊是这样表述的："夫为人臣者，以富乐民为功，以贫苦民为罪。"也就是说，执政者成功的政绩，应当表现为使民众"富乐"。"富乐民"，也就是"富民"。

西汉初年，铁制农具已经得到推广。汉武帝时代铁业官营之后，铁制农具的应用更为普及。在中原地区以外的今辽宁、甘肃、湖南、四川等地区都有出土。形制最大的铁铧宽达42厘米，推想可能是开作沟畛所用的农具。

从文物资料可以看到，西汉牛耕技术也得到普遍应用。汉武帝时代大规模徙民边地，组织屯田，中原地区较先进的牛耕技术又推广到西北。汉武帝元封二年（前109），曾经调动数万兵卒在瓠子（今河南濮阳附近）抢修被冲毁的黄河堤坝。汉武帝亲自巡视抗洪工地，命令随从官员自将军以下，包括二千石的高级官僚都背负柴草参加堵塞黄河决口的劳作。自此黄河回归故道之后，80年没有造成大的灾害。汉武帝时，在关中开凿了许多渠道，如漕渠、白渠、龙首渠、六辅渠、灵轵渠、成国渠等，形成了"衣食京师，亿万之口"的水利网。（《汉书·沟洫志》）京畿之外的关东地区，也有许多著名的水利工程。当时，朔方、西河、河西、酒泉等郡都引黄河水及川谷之水，汝南、九江等郡引淮水，东海郡引钜定泽，泰山郡引汶水，都穿渠溉田，收益农田都多达万余顷。各地规模较小的水利工程，更不可悉数。

汉武帝晚年，觉悟到发展农耕经济较强兵征战对于国家强盛有更重要的意义，于是以"富民"作为大政方针，宣布"方今之务，在于力农"。他命令搜粟都尉赵过推广先进耕作技术"代田法"。代田法在关中地区试验，每亩产量较一般农田增长一斛甚至二斛以上。据《汉书·食货志上》记载，汉武帝于是又"令命家田三辅公田，又教边郡及居延城"，此后各地推广，得到收益，"用力少而得谷多"，投入较少而增产显著。居延汉简中可以看到有关"代田仓"的简文，说明代田法确实曾经在河西边地成功地推行。

《汉书·车千秋传》说，高祖寝庙的官员田千秋申诉太子刘据的冤情，合汉武帝之心，使得汉武帝终于醒悟。汉武帝说：这是高庙神灵让你启发我的啊，你应当从此帮助我处理国政。于是先拜田千秋为大鸿胪，不过数月，又任命为丞相，封为富民侯。田千秋见汉武帝连年治太子狱，诛罚严酷，群下恐惧，希望能够宽广上意，安慰民众，于是和一些高级官吏一同联名上书，对汉武帝贺寿颂德，劝他施恩惠，缓刑罚，玩听音乐，养志和神，为天下民众享受安乐。汉武帝的回答，为"'巫蛊之祸'流于士大夫"表示痛心，然而无意使长期紧张的精神有所松弛，甚至说："何乐之听？""何寿之有？"

一年多之后，汉武帝病重，立刘弗陵为太子。遗诏指定田千秋为奉命辅佐太子的重臣之一。

汉武帝去世，汉昭帝继立，年幼，不能听政，政事都由大司马大将军霍光一手裁决。公卿朝会的时候，霍光对田千秋说：起初和您俱受先帝遗诏，今我治内，君侯治外，应当有以教导监督，使我不至于对不起天下。田千秋则说：唯将军留意，即天下幸甚。田千秋身为丞相，谨慎稳重，始终不愿意就重要朝政发表自己的意见，因此受到霍光的敬重。汉昭帝时代，国家少事，百姓逐渐富足。

田千秋当了12年丞相，在任上去世。

田千秋因为年老，得到皇帝优遇，特许他在朝见时可以乘小车入宫殿中，因此也被称为"车丞相"。

明人方孝孺《次韵写怀送叔贞之成都十七首》之二写道："盛世岂无谋国者，汉家长忆富民侯。荣名史策寻常事，公论江河万古流。"又明人庄昶《登山》诗："千里桑麻压亩低，恩风德雨逐轮蹄。富民侯印如天上，云是楼台风是梯。""富民侯"在历史上留下盛名，其实体现了人们对汉武帝晚年政策转变的肯定。

御史大夫桑弘羊

汉武帝临终时嘱托辅佐新主的另一位重臣桑弘羊，早已是著名的理财名臣。

汉景帝二年（前155），桑弘羊出生在洛阳的一个商人家庭中。他任侍中长达26年。后来出任大农丞，制定和执行算缗告缗政策，又建议整顿币制，将铸币权完全收归中央。

汉武帝时代由中央铸作的五铢钱，成为中国古代最稳定的通行年代最长久的币种。

元封元年（前110），汉武帝提升桑弘羊任治粟都尉，并且代理大农令，承担了总管国家财政经济的重任。天汉元年（前100），桑弘羊被正式任命为大司农。在代理大农令到任大司农这一期间，他制定和推行了盐铁官营、均输平准和酒类专卖等重要的经济政策。

桑弘羊主持推行的史称"均输"的制度，对于汉武帝时代的经济进步有重要的作用。

专制国家在官营运输组织方面的弊病，曾经成为经济危机和政治危机的直接导因。西汉人回顾秦史，往往重视秦王朝组织长途运输对民众造成的沉重负担，《史记·平津侯主父列传》甚至说，正是因为"道路死者相望"，于是"天下始畔秦也"，天下民众才奋起反抗秦的暴政。

西汉王朝建立之后，依然继承了秦的这一弊政。年代为汉景帝四年（前153）的湖北江陵10号汉墓，出土了记载当利里正月至三月算钱账目的木牍。木牍上面的文字告诉我们，仅所谓"给转费"一项，就高达每月定算的36.52%。据《汉书·枚乘传》保留的资料，当时中央政府和各诸侯国的官营运输行为，"方输错出，运行数千里不绝于道"，为满足汉王朝统治中枢需求的由东而西的粮食运输，"陆行不绝，水行满河"。汉武帝时代对西南夷和北边的经营，也使民众承受了沉重的运输负担。运输费用的支出，致使府库空虚。到了桑弘羊推行均输制度之前，甚至已经出现了天下赋输有时不能抵偿运输费用的严重局面。

均输法，就是大农向若干郡国派遣均输官，进行官营运输业的经营，改进调整以全国为规模的运输调度，扭转了以往重复运输、过远运输、对流运输等不合理运输所导致的天下赋输运费甚至超过货物所值的现象。汉武帝元鼎年间，河渭漕运粮食四百万石，再加上官府自行购买谷物，方能够满足需求，在桑弘羊以均输法调整运输政策以后，元封年间，关东漕运的运输量增加到岁六百万石。六百万石粟，按照汉代一车载二十五斛的运载规格，用车可达二十四万辆次。交通运输的合理组织，促使财政形势也大大改观。

汉代数学专著《九章算术》中有《均输》章，其中的算题，反映了当时官营运输业的组织者和管理者制定详密计划分派运量、调度运力，并且严格规定运输行程的情形。

平准法，就是由大农在京师设平准官，进行官营商业的管理，平抑物价，调剂供需，节制市场。

均输法和平准法的制定和推行，体现出西汉王朝的国家经济管理水平有了飞跃的进步。

汉武帝的有关经济政策，在当时曾经引起过激烈的争议。反对派指责这些经济政策是导致民间疾苦的主要原因，呼吁予以废止。汉昭帝始元六年（前81），曾经作为汉武帝经济改革实际主持者的御史大夫桑弘羊等与郡国所推举到中央任职的"贤良""文学"就有关施政方向进行辩论。"贤良""文学"力主罢盐铁、均输官等新经济政策，以为这些政策的实质是"与民争利"，桑弘羊等仍然坚持汉武帝时代的经济原则，认为兴盐铁、置均输，扩大了政府的财源，是抗击匈奴、消除边患的经济保证，同时，这些经济改革的形式，也有益于民生。他说，先帝建铁官以赡农用，开均输以足民财；盐铁和均输，都是万民所拥护并且从中得到利益的制度，如果罢除，则不利于国家和社会。

"贤良""文学"之议，对于继续实行"休养生息"的经济原则，以维持安定局面，有积极的意义，但是他们对取消盐铁、均输等方面的具体要求，并没有被西汉政府采纳。

这次会议，历史上称作"盐铁会议"。汉宣帝时一个叫桓宽的官员根据盐铁会议的"议文",也就是今天通常所说的"会议记录",整理成一部专书,这就是著名的《盐铁论》。

盐铁会议的第二年,也就是汉昭帝元凤元年(前80)的九月,在汉王朝皇族内部发生了一次争夺帝位的激烈斗争。

燕王刘旦年长于刘弗陵,有争夺最高权力的野心。他和上官桀父子勾结,企图除掉霍光,废汉昭帝,取得帝位。桑弘羊因政见不合,也对霍光不满,于是参与了燕王的地下活动。然而燕王刘旦和上官桀的阴谋败露,刘旦自杀,上官桀父子被处死。桑弘羊因参与上官桀谋反,也被诛灭。

桑弘羊被处死时,年七十四岁。

霍光秉政

汉昭帝和汉宣帝的时代,西汉王朝处于稳定发展的阶段。这一时期,政治形势没有大的变乱,经济和文化实现了突出的进步。传统史家多肯定和赞誉昭宣时代的安定和富足,称之为"昭宣中兴"。昭宣时代能够实现政治稳定和经济发展,霍光的功绩是相当突出的。

霍光是霍去病的弟弟。他在汉武帝身边服务二十多年,小心谨慎,没有犯什么过错,受到汉武帝的信任。汉武帝确定刘弗陵做继承人时,考虑再三,以为只有霍光可以承担辅佐少主,安定国家的重任。他让宫中的画师描绘了一幅周公背着少年成王会见诸侯的画像,赐给霍光。

汉昭帝刘弗陵在位十三年,即位时只是一个七岁的少年。大将军霍光和车骑将军金日䃅、御史大夫桑弘羊、丞相田千秋等受汉武帝遗命辅佐少帝。金日䃅原来是匈奴休屠王太子，不愿因此"使匈奴轻汉"，甘愿只作霍光的副手，去世较早。丞相田千秋不愿争权。御史大夫桑弘羊很早就开始受到抑制。于是，霍光以大司马大将军领尚书事之职主管朝政，成为一切重要国策的决断人。

汉武帝病重时，预先草拟了遗诏，用玉玺封好，宣布自己去世后才可以开封，按照遗诏的指令执行。遗诏的内容，是封金日䃅为秺侯，上官桀为安阳侯，霍光为博陆侯。当时卫尉王莽的儿子王忽任侍中，在朝廷散布这样的传言：帝去世的时候，我就在身边，哪有什么遗诏封三人的事！那是这几个小子自己在抬高自己罢了。

霍光听说后，严厉斥责王莽。王莽于是用鸩酒毒死了王忽。

《汉书·霍光传》记载，霍光"为人沉静详审"，"资性端正"，性格镇定沉着，为人正直稳重。他每天出入经过殿门，竟然步步都踏在确定的位置。侍立左右的警卫注意观察，发现他每一步都不失分寸。有一次，宫中发生怪异现象，群臣一夜心惊不定。霍光担心发生异常变乱，朝廷大政有失，召见掌管皇帝玺印的尚符玺郎，要收取皇帝玺印。尚符玺郎却不肯交给霍光。霍光要伸手强取，郎按剑说道："臣头可得，玺不可得也！"霍光心中敬重这位忠于职守的尚符玺郎，第二天，就宣布将他的待遇提升二等。

霍光在执政期间，继续实行汉武帝临终前推行的重视发展经济、安定社会的政策，以"轻徭薄赋，与民休息"作为行政原则，数年之内，使得各地流民回归，田野益辟，百姓充实，国库也颇有蓄积，又与匈奴恢复了和亲的关系。西汉王朝在这一时期的统治，是相对稳定的。

霍光秉政期间，多次支持汉昭帝下诏削减国家的财政支出，减免百姓的田租和赋税，对于贫民开放禁苑以救济，并赈贷种子和口粮。始元六年（前81），又召集"贤良文学"到长安会议，讨论盐铁专卖等政策的得失优劣。此后，下诏调整了有关政策，进一步减轻了民众的负担。

霍光原先与上官桀结亲，将女儿嫁给了上官桀的儿子，生女立为昭帝后。霍光敏锐地察觉到燕王刘旦和上官桀、桑弘羊企图废黜昭帝，另立刘旦为天子的政治阴谋，及时予以处置。于是国家得以安定，而霍氏此后权倾朝中。

汉昭帝去世后，对于继任者的择定曾经有所反复。在霍光主持下，汉武帝太子刘据的孙子、因"巫蛊之祸"的余波曾经流落民间的刘询被立为天子，这就是汉宣帝。

霍光于地节二年（前68）病逝。他把握朝政20年，改变了汉武帝以前以丞相为中心的三公执政的形式，开始了西汉后期外戚专权的政治史的特殊阶段。

张燧《千百年眼》卷五"武帝遗命"条写道："自古帝王遗命多矣，要未有如汉武之奇者。托国于素无名誉之人，期功效于数十年之后，若持左券，此岂寻常尺度所得窥耶？"说汉武帝选择并没有很大政治影响的霍光维护未来的政治方向，竟然数十年保持稳定。汉武帝的远见，真的不是用"寻常尺度"能够评价的啊。这也是一种对古代政治战略的评断，寥寥数语，论者透彻的历史观察力已经有所显现。

明人陈伯康《读史二首》其二，就霍光、金日䃅等受命辅佐汉昭帝的故事发表了这样的议论："赵高利少主，矫制诛扶苏。一念误国人，三说感李斯。望夷眩鹿马，赤族诚天诛。吾闻金日䃅，出身本降俘。霍光受遗诏，共负成王图。大哉社稷臣，戒之用小夫。"诗人将秦末故事和汉武帝遗命进行对比，也肯定了汉武帝在安排后事方面表现的英明。

匈奴"降俘"金日䃅

对于汉武帝临终时的场面，《汉书·霍光传》说汉武帝出行五柞宫的时候，突然病重。霍光流泪问道：如果发生意外，应当由谁来继承帝位？汉武帝回答：你没有明白我让他们画那幅周公辅成王的图画的意思吗？我要立小儿子，请你执行周公的职责。霍光辞让，说："我不如金日䃅。"金日䃅说："臣外国人，不如霍光。"汉武帝宣布以霍光为大司马大将军，以金日䃅为车骑将军，以太仆上官桀为左将军，以治粟都尉桑弘羊为御史大夫，都在病榻前跪拜就职。

《汉书·金日䃅传》载，金日䃅原本是匈奴休屠王太子，匈奴内乱，休屠王和昆邪王策划投降汉朝。而休屠王又心有悔意，昆邪王杀掉休屠王，率两部降汉，被封为列侯。金日䃅父亲因为不降被杀，其与母亲、弟弟一道被收入汉宫中养马。这时金日䃅十四岁。

一次，汉武帝在宫中游宴，要欣赏自己拥有的好马。金日䃅等数十人一一牵马经过殿下时，都不禁侧目窥视宫中美女，只有金日䃅不敢。又因为金日䃅身材高大，容貌严正，受到汉武帝的注意。得知金日䃅的身世后，汉武帝叹其奇伟，即日就拜他为马监，又提升为侍中驸马都尉光禄大夫。

金日䃅日益为汉武帝所亲重，多有赏赐，出则同车，入则近侍。汉武帝身边的亲贵多有怨言："陛下妄得一胡儿，反贵重之！"汉武帝听说后，对金日䃅反而更为爱宠。

金日䃅的母亲休屠王阏氏教育两个儿子慈爱严格，十分得法，汉武帝听说之后予以夸奖。阏氏病逝，诏令在甘泉宫悬挂她的画像，题署"休屠王阏氏"。金日䃅每次经过这里，都跪拜涕泣。

金日䃅有两个儿子，为汉武帝喜爱，经常在武帝身边玩耍。一次，竟然爬到武帝背后，搂住了他的脖子。金日䃅在旁边，怒目相视。小儿一边跑一边哭诉：父亲生气了！汉武帝则斥责金日䃅："何怒吾儿为？"

金日䃅的儿子长大之后，在后宫行为不谨，在殿下调戏宫人，被金日䃅撞见，后被金日䃅杀死。汉武帝知道后大怒，金日䃅叩头请罪，说明了自己杀子的理由。汉武帝哀伤流泪，而心中对金日䃅更为敬重。

莽何罗是江充的朋友，"巫蛊之祸"中，他的弟弟莽通因奋力追杀太子刘据得以封侯。后来汉武帝得知巫蛊冤情，夷灭江充宗族党羽。莽何罗兄弟担心受到惩处，于是密谋暗杀汉武帝。金日䃅发现莽何罗神色异常，心有疑惑，于是注意观察他的行迹，上殿下殿都有意和他同行。莽何罗也觉察到金日䃅的警惕，所以一直没有得到下手的机会。有一天晚上，汉武帝行幸林光宫。金日䃅身体小有不适，在殿侧休息。莽何罗、莽通和小弟莽安成一同夜出，伪造皇帝诏命，杀害使者，发兵造反。拂晓时分，莽何罗在衣袖中暗藏凶器，擅自闯入宫中。金日䃅忽然警觉，侍守在殿中内门。莽何罗闯入，看到金日䃅，大惊失色，急走欲入武帝卧室，碰撞了宝瑟。他为宝瑟的音声惊吓，愣了一下，于是被金日䃅拦腰抱住。金日䃅大呼："莽何罗反！"汉武帝惊起，左右侍卫都拔刃准备击杀莽何罗。汉武帝担心误伤金日䃅，制止侍卫不得擅动。而金日䃅猛然摔倒莽何罗，掷之殿下，得以擒缚。经过审问，莽何罗等都认罪伏法。

在汉武帝身边多年，金日䃅始终谦虚谨慎。汉武帝赐出宫女，金日䃅也不敢亲近。汉武帝要迎纳他的女儿入后宫，也被拒绝。

汉武帝和金日䃅个人之间的特别的亲近，体现了汉武帝的个性，也反映了当时民族关系的一个侧面。

金日䃅病逝，安葬在汉武帝茂陵近旁。送葬的时候使用了正规部队，阵列从长安排列到茂陵，和霍去病的葬礼相同。

汉武帝的情感生活

汉宫秋

北方有佳人，绝世而独立。
一顾倾人城，再顾倾人国。
宁不知倾城与倾国，佳人难再得！

——《汉书·外戚传上·孝武李夫人》
载"（李）延年侍上起舞，歌曰"

童话"金屋藏娇"

"金屋藏娇"的著名故事，最早见于《汉武故事》："胶东王数岁，公主抱置膝上，问曰：'儿欲得妇否？'长主指左右长御百余人，皆云'不用'。指其女：'阿娇好否？'笑对曰：'好！若得阿娇作妇，当作金屋贮之。'长主大悦，乃苦要上，遂成婚焉。"说胶东王刘彻几岁的时候，姑姑长公主刘嫖把他抱在膝上，问道：你想娶媳妇吗？又指着身边一百多名女官和宫女一一询问，刘彻都说不要。又指着自己的女儿说：娶阿娇好不好？刘彻说：好！如果真的能够娶阿娇做媳妇的话，我愿意造一座金房子让她住。

长公主于是反复央求汉景帝，终于说服了他，使得刘彻和阿娇得以成婚。

后来，因为汉武帝阿娇故事，"金屋"成为富贵和情爱的象征。《隋书·列女传》说贵族女子生活形式，就包括"坐金屋，乘玉辇"。《旧唐书·音乐志》里的皇家庙堂乐章，有"瑶台荐祉，金屋延祥"的句子。《贞观政要》里说："金屋瑶台，骄主之为丽。""金屋"和"瑶台"相对应。唐代诗人宋之问有

"还以金屋贵，留兹宝席尊"的诗句，"宝席"与"金屋"对仗。宋人文同《王昭君》诗写道："绝艳生殊域，芳年入内庭。谁知金屋宠，只是信丹青。"明代孟称舜《娇红记·会娇》中，可以看到这样的感叹："蓦遇著这金屋娇娘，蓦遇著这金屋娇娘，猛回头何方故乡？"《醒世恒言》中《苏小妹三难新郎》一篇，又有如下的文字："相府请亲，老夫岂敢不从。只是小女貌丑，恐不足以当金屋之选。"看来，无论对于上层社会还是下层社会，"金屋"都代表着一种生活理想，似乎这"金屋子"中所收贮的，全是美好。

其实，对于后宫女子来说，"金屋"所深藏的，往往是情感的悲剧。"内庭"人们迷信的"金屋宠"，有多少可以实现？又有多少可以长久？

这位阿娇，史书上称为"陈皇后"，后来被汉武帝冷落，在后宫幽哀地独居。

电视剧《汉武大帝》告诉我们的，似乎是阿娇有些简单化的不免过分的表演所显示的骄横无理，导致了刘彻与她感情不能相合。其实，历史的真实情形，也许是相当复杂的。

李白《妾薄命》写道："汉帝重阿娇，贮之黄金屋。咳唾落九天，随风生珠玉。宠极爱还歇，妒深情却疏。长门一步地，不肯暂回车。雨落不上天，水覆重难收。君情与妾意，各自东西流。昔日芙蓉花，今成断根草。以色事他人，能得几时好？"对于阿娇的命运，有生动的描述，同时也揭示了富贵和情感的复杂关系，蕴涵有深刻的人生哲理。"以色事他人，能得几时好"句，其实体现了认识古来性别关系的一种真知。

《汉书·外戚传上》记载，这位陈皇后在卫子夫出现之后，多次寻死觅活，致使汉武帝愤怒，这就是李白诗句中说的"妒深情却疏"。后来她又信任一个名叫"楚服"的女巫，用巫术诅咒汉武帝喜欢的后宫女子。事情败露后，楚服被处死，枭首于市。汉武帝宣布废去陈阿娇"皇后"称号，命令她退居长门宫。李白"长门一步地，不肯暂回车"诗句，说汉武帝和她恩情已绝。

据说阿娇住到长门宫之后，愁闷悲思，听说司马相如文章作得好，于是送上黄金百斤，请他写一篇解愁之辞。相如为她作《长门赋》，汉武帝读了心生伤感，于是又得亲幸。元代诗人杨维桢的诗句叙说了这一故事："阿娇盼美目，阿娇贮金屋。金屋瑶华春未老，长门一夜生秋草。蜀才人，金百斤，受金为我赋《长门》。《长门》写春愁，君王见之为伤秋。临邛沟水东西流，不知悲妇悲白头。"宋人范浚《读长门赋》诗也写道："阿娇负恃颜姝好，那知汉帝恩难保。一朝秋水落芙蕖，几岁长门闭春草。自怜身世等前鱼，旧宠全移卫子夫。独夜不眠香草枕，东厢斜月上金铺。晓惊永巷车音近，失喜疑君枉瑶轸。临风望幸立多时，却是轻雷声隐隐。年年织女会牵牛，百子池边侍宴游。自从一落离宫后，无复穿针更上楼。……人言消渴临邛客，天下工文专大册。黄金取酒奉文君，愿悟君王赐颜色。赋成果得大家怜，凤觜煎胶续断弦。不似昭君离汉土，一生埋没隔遥天。"其实，长门怨妇复得亲幸，"凤觜煎胶续断弦"，只是一种妄想。还是宋人王恽的《当熊词》说得好："大笑陈妃望幸心，千金空买长门怨。"

南朝梁柳恽《长门怨》诗："无复金屋念，岂照长门心。"又费昶《长门怨》诗："金屋贮娇时，不言君不入。"同样是"长门一步地，不肯暂回车"的意思，也都说君王情感的变化，已经覆水难收。李白又有《长门怨二首》:"天回北斗挂西楼,金屋无人萤火流。月光欲到长门殿,别作深宫一段愁。""桂殿长愁不记春,黄金四屋起秋尘。夜悬明镜青天上,独照长门宫里人。"从"金屋"到"长门",一个女人以帝王专爱为唯一寄托的情感旅程,真的是太短暂了。

回顾历史上帝王的情感生活,所谓"金屋藏娇"故事,可以说不过只是"抱置膝上"的小儿的童话罢了。

不过,阿娇也算是个幸运的女人。除了曾经享受"咳唾落九天,随风生珠玉"的得意而外,她的命运凝结成"长门怨"三个字,受到历代文士的关注,已经成为一种文化符号。许许多多的诗人骚客都有命题《长门怨》的作品。如僧皎然"春风日日闭长门,摇荡春心似梦魂",刘长卿"何事长门闭珠帘,只自垂月移深殿",陆游"咫尺之天今万里,空在长安一城里;春风时送箫韶声,独掩罗巾泪如洗",岳珂"宫车辘辘春雷晓,明星初荧绿云扰;增成丙舍争迎銮,惟有长门闭花鸟"等等,都以凄切笔调,表露了对长门宫主人深深的同情。当然,有些诗句,也借"长门"以为寓托,发抒着作者自己怀志不遇、怀才不遇的幽怨。

卫子夫霸天下

一个从社会底层走来的女子,凭借着美貌和柔雅,自然也有难得的心计,最终走向大富贵。这就是卫子夫因得幸而得意的人生历程。宋人陈普《咏史·成帝》诗有"阿娇金屋篡歌姬"句,一个"篡"字,似乎容易使人产生卫子夫先有谋求的误解。其实，哪个女子得幸，全在汉武帝心血来潮。她们及其家族的命运，决定于帝王一念之间。

卫子夫出身低微，原先是平阳公主家的歌女。汉武帝初即位，好几年了还是没有儿子。平阳公主找来十余位良家女子，盛装打扮，希望能够讨得汉武帝的欢心。然而汉武帝看到所侍美人，没有一个喜欢的。宴饮中，进上歌舞表演，汉武帝只注目卫子夫。汉武帝起身更衣时，子夫随侍而得幸。汉武帝心情异常愉快，赐平阳公主黄金千斤。平阳公主于是奏言请将子夫奉送入宫。子夫上车时，平阳公主手抚其背，说：去吧，好自为之，如果富贵，可别忘了我啊。

但是卫子夫入宫一年多，竟然一直没有得到帝王爱近。直至汉武帝有一次选择不中用的宫人出宫回家时，卫子夫才得以相见。她流着眼泪，哀求出宫。汉武帝顿生爱怜之心，于是卫子夫再次得幸，并因此怀孕，此后大受宠爱，地位日益上升。她的兄弟卫青也被任命为侍中。

陈皇后嫉火焚心，竟然试图用巫术手段回救情感危机。事情败露后，被废。后来卫子夫被立为皇后。

将军卫青击匈奴有功，封为长平侯，后来号大将军。他的三个儿子尚在襁褓中，也都封为列侯。卫皇后的姐姐卫少儿所生子霍去病，也以军功封冠军侯，号骠骑将军。汉武帝又立卫皇后生的儿子刘据为太子。卫氏家族中人以军功起家，先后五人为侯，一时贵震天下。民间于是流传这样的歌谣："生男无喜，生女无怒，独不见卫子夫霸天下！"

但是，我们并没有看到卫子夫以自己的地位和势力直接影响政治决策的迹象。这可能也是汉武帝的性格异常强势的缘故。但是在"巫蛊之祸"发生时,卫子夫支持刘据发动了武装抗争,显现出她也有一定的决断力。当时刘据发兵,曾经告知皇后。他之所以能够发中厩车载射士,出武库兵,发长乐宫卫卒,显然是得到了卫皇后的明确指令的。也就是说,太子军的组成和实战,都有卫皇后的直接支持。而"长乐宫卫卒",其实原本就是卫皇后自己的贴身卫队。

按照班固在《汉书·外戚传上·孝武卫皇后》中的说法,刘据是"与皇后共诛(江)充,发兵"。卫子夫已经是一个老妇人了。这一次,她以皇后身份用自己纤弱的手给予了刘据必要的支撑,做了一件影响历史的大事。

刘据和他的支持者都受到严厉的镇压。汉武帝下令让宗正刘长乐和执金吾刘敢前往收取皇后玺绶。卫子夫自杀。

卫子夫的遗体被放置在公车令空闲的官舍中,后来有人予以收殓,盛以小棺,埋葬在长安城南的桐柏亭。卫氏家族彻底覆灭。

汉宣帝即位后,改葬卫皇后,追谥为"思后",确定设置三百户人家的园邑,派专职官员奉守。

情爱的幻境:方士为致夫人魂魄

据《史记·封禅书》中的记述,汉武帝时代相继有好几位方士介入了这位帝王的生活,在宫廷有活跃的表演。如齐人少翁曾经以方术见汉武帝,在对他所实施的直接的影响中,竟然涉及后宫情爱关系。

司马迁写道,元狩二年(前121),"齐人少翁以鬼神方见上（汉武帝）"，"少翁以方盖夜致王夫人"。汉武帝所幸的王夫人去世，少翁以方术于夜间重现王夫人风貌，汉武帝自帷中望见。于是拜少翁为文成将军，赏赐甚多，以客礼礼之。

少翁不久有骗局被直接揭穿，被处死。

文成将军少翁为汉武帝以方术夜致王夫人的故事，《史记·孝武本纪》裴骃《集解》引桓谭《新论》说："武帝有所爱幸王夫人，窈窕好容，质性嬛佞。"

《北堂书钞》卷一三二引桓谭《新论》是这样说的：

> 武帝所幸王夫人死，帝痛惜之。方士李少君言能致其魂魄，乃夜设烛张幄，令帝居于它帐中，遥望见好女似夫人。

说汉武帝爱幸的王夫人去世，武帝深心痛惜。方士李少君自称能够让她的魂魄归复，于是夜间设灯烛，张帷幄，请汉武帝在另一个帐中遥望，果然看到美女，一如王夫人样态。

方术的谎言自然不足信。方士玩的把戏，是使用魔术，让汉武帝进入了感觉的幻境？还是以另外的美女，进行了以王夫人为角色的演出？

这种所谓使怀念亡人者"遥望见好女似夫人"的情形，有人说，这是他们又一次生死离别，不过帷帐里出现的并不是有血有肉的夫人，可能不过是模拟她的体态容貌而投射的幻影。方士为汉武帝夜致亡故佳人，很可能是使用了某种催眠术或致幻术。宋兆麟《巫与巫术》提到，台湾地区的巫者，据说可以使用类似的法术，"把被作术者的妇女，用某种神力领到阴间，即进入催眠状态，让她看见已故亲人死后的生活，或者看到活人在阴间的灵魂"。"仫佬族有些思念亡妻和情人的男子，多请女巫把她们的亡灵请回来"，亡灵甚至可以"与求神的男子互相对歌，倾吐衷情"。

人类学考察提供的资料中，也可以看到类似的情形。例如，科里亚克族的萨满食用致幻毒蘑菇之后，进入神志昏乱状态，可以和幻觉中的人对话。

我们现在不能判定少翁对汉武帝施行巫术"以方盖夜致王夫人"的具体技术细节，但是可以推测其基本手法，应当与后世巫术的方式基本类同，或者存在着某种承继关系。

王夫人？李夫人？

上面这个故事中的主要人物，《史记》所谓"武帝所幸王夫人"，在有的历史记载中，却变成了"李夫人"，比如《汉书·外戚传上·孝武李夫人》。另一位主要人物，制造幻境的"齐人少翁"，有的记载写作"方士李少君"。比如《北堂书钞》卷一三二引桓谭《新论》。

梁玉绳《史记志疑》卷一六说："又《拾遗记》谓是李少君致李夫人于纱幕中，唐陈鸿《长恨歌传》亦作'李少君'，皆误以少翁为李少君耳。而《拾遗》之误从桓谭《新论》来。"《文选》卷二三潘安仁《悼亡诗》："独无李氏灵，仿佛睹尔容。"李善注："桓子《新论》曰：'武帝所幸李夫人死，方士李少君言能致其神，乃夜设烛张幄，令帝居他帐，遥见好女，似夫人之状，还帐坐也。'"《太平御览》卷六九九引桓谭《新论》曰："李少君置武帝李夫人神影于帐中，令帝观见之。"

《史记》所说"王夫人"故事,《汉书》即记作"李夫人",而且叙说有声有色。《汉书·外戚传上·孝武李夫人》：

> 上思念李夫人不已,方士齐人少翁言能致其神。乃夜张灯烛,设帷帐,陈酒肉,而令上居他帐,遥望见好女如李夫人之貌,还幄坐而步。又不得就视,上愈益相思悲感,为作诗曰："是邪,非邪？立而望之,偏何姗姗而来迟!"令乐府诸音家弦歌之。上又自为赋,以伤悼夫人。

汉武帝所"自为赋",其辞情意绵长,怀思深沉：

> 美连娟以修嫮兮,命樔绝而不长。饰新宫以延贮兮,泯不归乎故乡。惨郁郁其芜秽兮,隐处幽而怀伤。释舆马于山椒兮,奄修夜之不阳。秋气憯以凄泪兮,桂枝落而销亡。神茕茕以遥思兮,精浮游而出畺。托沈阴以圹久兮,惜蕃华之未央。念穷极之不还兮,惟幼眇之相羊。函荾萚以俟风兮,芳杂袭以弥章。的容与以猗靡兮,缥飘姚虖愈庄。燕淫衍而抚楹兮,连流视而娥扬。既激感而心逐兮,包红颜而弗明。欢接狎以离别兮,宵寤梦之芒芒。忽迁化而不反兮,魄放逸以飞扬。何灵魄之纷纷兮,哀裴回以踌躇。势路日以远兮,遂荒忽而辞去。超兮西征,屑兮不见。寖淫敞怳,寂兮无音。思若流波,怛兮在心。
>
> 乱曰：佳侠函光,陨朱荣兮。嫉妒闟茸,将安程兮。方时隆盛,年夭伤兮。弟子增欷,洿沫怅兮。悲愁于邑,喧不可止兮。向不虚应,亦云已兮。嫶妍太息,叹稚子

兮。懰慄不言，倚所恃兮。仁者不誓，岂约亲兮？既往不来，申以信兮。去彼昭昭，就冥冥兮。既不新宫，不复故庭兮。呜呼哀哉，想魂灵兮！

大意是说，面容姣美身形纤秀，可惜生命中绝不长。移住地下新宫安息，不能再返回从前生活的地方。何其幽暗阴郁，久居怎禁哀伤。释车马于山陵，叹长夜寂寂看不到阳光。秋气寒冽清泪凄冷，桂枝折落佳人销亡。茕然孤独遥思旧爱，心神茫乱漫无际疆。寄身深圹永无终日，可怜正是华年未央。感念穷极世界力不能及，只有窈窕身影在思念中翱翔。优雅气质如春花初放，放散着芬香。美好容色如芳林临风，更显得端庄。昔日的欢爱记忆，存留于目盼眉扬。既感激而心动，红颜已被黄土掩藏。欢情方浓竟已离别，只能在梦中倾叙衷肠。匆匆离去从此不再归还，魂魄远逸九云之上。留下的是永远的思念，永远的惆怅。相离越来越远，而深心永不能忘。

  其中所谓"秋气僭以凄泪兮，桂枝落而销亡。神茕茕以遥思兮，精浮游而出畺"，语极悲切，其情出自中心，表现出可贵的真诚。而所谓"思若流波，怛兮在心"，"呜呼哀哉，想魂灵兮"，则是感念的写真，这里已经看不到一丝帝王的矜傲，只有实实在在的纯情表露。

  这篇作品，或称《李夫人赋》，或称《伤悼李夫人赋》《悼李夫人赋》，在文学史上有一定的地位。汉武帝因此被称为"帝王之能赋者"。值得注意的是，汉赋中以悼念前人为主题的作品，只有贾谊《吊屈原赋》和司马相如《吊秦二世赋》等很少的几种。而贾谊和司马相如之作，其实是借悼念前人以怀古述志，真正追怀逝者，寄托"相思悲感"的，其实只有汉武帝的这一篇。

《汉书·外戚传上·孝武李夫人》还有一段关于李夫人生平的文字，班固写道：李夫人原本是倡女。起初，她的哥哥李延年因为精通音乐，善于歌舞，受到汉武帝宠爱。每次创作新曲，都能打动人心。李延年有一次为汉武帝歌舞，有"北方有佳人，绝世而独立。一顾倾人城，再顾倾人国"一曲，结句深深感慨"佳人难再得"。汉武帝长声叹息，说：好啊！可是世上真有这样的人吗？平阳公主告知武帝：李延年的妹妹就是绝色而多才。汉武帝下令召见，果然妙丽而善舞，自此得到宠幸。她为汉武帝生了一个儿子，就是昌邑哀王刘髆。李夫人年纪很轻就去世了。汉武帝哀悼她的早亡，命令在甘泉宫图画她的形貌，以为纪念。卫皇后被废四年之后，汉武帝逝世，大将军霍光依照汉武帝的情感倾向，让李夫人和汉武帝一同享受祭祀，给予了她"孝武皇后"的称号。

班固又说到李夫人病重时拒绝与汉武帝相见的故事：李夫人病重，汉武帝亲自探望。李夫人用被子蒙着头，不愿意让汉武帝看到自己的面容。她说：妾卧病已久，容貌损坏，不可以见帝，只是期望以王及兄弟为托。汉武帝说：夫人病重，当面嘱托我照应刘髆和李广利、李延年，不是更好吗？李夫人依然拒绝相见，只是哀泣不止。汉武帝心中不快，起身离去。夫人的姊妹埋怨她：难道不可以让圣上一见，嘱托照应兄弟的事情吗？为什么要让圣上生气呢？夫人说：我所以不愿意见圣上，正是为了真的能够对兄弟有好处啊。我以容貌之好，得以从微贱地位爱幸于上。可是，以色事人者，颜色衰老就会致使感情削弱，感情削弱就会致使恩爱断绝。圣上之所以恋恋顾念我，只是因为我平时的容貌啊。今天如果看到我容貌毁坏，颜色非故，一定会厌弃我，难道还会有心照顾我的兄弟吗！

班固接着又写道：李夫人去世，汉武帝以安葬皇后的礼仪等级安葬了他。后来，又以夫人的哥哥李广利为贰师将军，封海西侯，李延年为协律都尉。

李夫人期望汉武帝照料兄弟的心愿，真的实现了。

李夫人所谓"妾久寝病，形貌毁坏，不可以见帝"，实在是不一般的智慧，她的话其实是指出了后宫史中的一个规律。李炳海《汉代文学的情理世界》分析说，"她在病危时不让天子目睹自己已经毁坏的容颜，为的是使天子对自己保持以往的美好印象"。不要说"以色事人者"，就是一般的女子，这种心计也是可以理解的。我们不妨设想，假若《史记》所谓王夫人（《汉书》所谓李夫人）不是"方时隆盛"，青春早逝，如汉武帝赋所谓"蕃华之未央"，君王还会如此深情地"伤悼夫人""神茕茕以遥思""既激感而心逐""思若流波，怛兮在心"吗？

对于《史记》"王夫人"而《汉书》"李夫人"之不同，梁玉绳《史记志疑》卷一六指出：李夫人去世的时候，少翁之死已经很久了，一定是《汉书》的记载出现了错误。

白居易的《李夫人——鉴嬖惑也》诗中，有就李夫人故事发表的感想："汉武帝，初丧李夫人。夫人病时不肯别，死后留得生前恩。君恩不尽念未已，甘泉殿里令写真。丹青画出竟何益，不言不笑愁杀人。又令方士合灵药，玉釜煎炼金炉焚。九华帐深夜悄悄，反魂香降夫人魂。夫人之魂在何许，香烟引到焚香处。既来何苦不须臾，缥缈悠扬还灭去。去何速兮来何迟，是耶非耶两不知。翠蛾仿佛平生貌，不似昭阳寝疾时。魂之不来君心苦，魂之来兮君亦悲。背灯隔帐不得语，安用暂来还见违。伤心不独汉武帝，自古及今皆若斯。君不见，穆王三日哭，重璧台前伤盛姬。又不见，泰陵一掬泪，马嵬坡下念杨妃。纵令妍姿艳质化为土，此恨长在无销期。生亦惑，死亦惑，尤物惑人忘不得。人非木石皆有情，不如不遇倾城色。"

唐人曹唐也有《汉武帝思李夫人》诗："惆怅朱颜不复归，晚秋黄叶满天飞。迎风细荇传香粉，隔水残霞见画衣。白玉帐寒鸳梦绝，紫阳宫远雁书稀。夜深池上兰桡歇，断续歌声彻太微。"唐人王涣《惆怅诗十二首》之二也写道："李夫人病已经秋，汉武看来不举头。得所浓华销歇尽，楚魂湘血一生休。"宋代辛弃疾曾经作《水龙吟》，副题是"爱李延年歌、淳于髡语，合为词，庶几高唐、神女、洛神赋之意云"。其中写道：

> 昔时曾有佳人，翩然绝世而独立。未论一顾倾城，再顾又倾人国。宁不知其，倾城倾国，佳人难得。看行云行雨，朝朝暮暮，阳台下、襄王侧。　　堂上更阑烛灭。记主人、留髡送客。合尊促坐，罗襦襟解，微闻芗泽。当此之时，止乎礼义，不淫其色。但啜其泣矣，啜其泣矣，又何嗟及。

以自然笔调写情感生活，这是一篇很有意思的作品。元人杨维桢的《咏女史·李夫人》则写道：

> 金屋君王独有情，少翁魂魄夜张灯。
> 可堪一死祸犹烈，身衅胡尘到李陵。

这是一首典型的咏史诗。诗人咏叹病中李夫人的聪明，最终依然没有避免李广利败亡之"祸"。

历代许许多多的诗人骚客都愿意为李夫人留下笔墨，可见这位女子历史人望之高。

清代学者王士禛《渔洋诗话》卷上写道："英陵，汉武帝葬李夫人处。距茂陵数武。余过之，有诗云：'长门买赋草萋萋，冤魄云阳杜宇啼。惟有佳人解倾国，英陵长傍茂陵西。'"他所说的"英陵"，通常写作"英陵"。李夫人陵在汉武帝茂陵西北约500米处，俗称"集仙台"或"习仙台"，现在仍然有24.5米高的封土。

汉武帝的女人们

明人王世贞《忆昔》诗有这样的诗句："更忆南巡汉武皇，楼船车马郁相望。轻裘鄠杜张公子，挟瑟邯郸吕氏倡。秋净旌旗营细柳，夜深烽火猎长杨。孤城尚有遗弓泪，不见当时折槛郎。"诗的首句以"汉武皇"开头，诗的内容却似乎并非只说汉武帝故事。比如"营细柳""折槛郎"等，就与汉武帝没有什么直接的关系。而所谓"挟瑟邯郸吕氏倡"者，其实反映着西汉帝王共同的生活样式。不过，也许汉武帝由于个人性格的因素，在情感生活方面有更复杂的经历。

在陈皇后也就是阿娇之后，汉武帝专宠卫子夫。卫皇后色衰，王夫人得幸，她为汉武帝生了齐王刘闳。王夫人去世较早，后来李夫人得宠，她为汉武帝生了昌邑王刘髆。李夫人去世后，又有尹婕妤等有宠。据说这位尹婕妤，原先也是倡女，并非贵族家女儿，按照司马迁在《史记·外戚列传》中的说法，是不可以成为帝王配偶的。然而对《史记》有所补述的褚少孙却说："士不必贤世，要之知道；女不必贵种，要之贞好。"这样的认识，看来汉武帝是赞同的。

和夫人尹婕妤同时得宠的，还有一位邢夫人。她们同时并幸，却没有相见。一次，尹夫人请求汉武帝，希望见到邢夫人。汉武帝答应了她，然后让另一位夫人妆饰齐整，有宫女数十人相随，假装邢夫人前来。尹夫人看到后，说：这不是邢夫人。汉武帝问：何以言之？她答道：看她的身貌形状，配不上帝王。于是汉武帝让邢夫人穿日常衣服，独身前来。尹夫人望见，说：此真是也。于是低头而泣，自惭不如。褚少孙记述了这一情节，又感叹道：民谚说"美女入室，恶女之仇"，看来果真是这样啊。

钩弋夫人可能是较晚为汉武帝喜爱的女子。她为汉武帝生的儿子刘弗陵，就是后来的汉昭帝。褚少孙说，刘弗陵出生的时候，汉武帝已经七十岁了。又说汉昭帝五岁登基。这一说法看来是不准确的。

汉武帝七十岁去世，当时刘弗陵七岁。也就是说，汉武帝大约在六十三岁时生了刘弗陵。

《苏李泣别图》,明,陈洪绶。描绘西汉降将李陵被匈奴单于派往北海,劝降苏武,苏武不为所动,李陵只好与之泣别的故事。

汉武帝的政治性格

汉武帝从即位到去世，前后共换了13位丞相。其中，有5位基本上属于正常免职和正常死亡，有7位属于不正常死亡，1位是武帝死后托孤留任的。丞相，按照《汉书·百官公卿表上》的说法"掌丞天子助理万机"，处于当时政治生活的中心，武帝与丞相的关系，反映了他恩威并用的策略与坚毅、果断而又冷酷的性格。

残厉的"告缗"

在汉武帝脉脉温情的另一面，是冷面和铁腕。这可以通过许多事例得到说明。

汉武帝时代推行的统一货币、官营盐铁、建立均输制度和平准制度等政策，使政府不仅获得经济利益，更重要的是为实行重农抑商的原则奠定了经济基础。

汉武帝时代，还采取了"算缗"和"告缗"等直接打击大商贾的政策。

元狩四年（前119）开始推行的"算缗钱"制度，规定商人、兼营手工业的商人以及高利贷者，必须向政府申报自己的资产。每2千钱应纳税一算，也就是120钱。自产自销的手工业品，每4千钱一算。轺车一车一算，商人拥有的轺车则加倍。船5丈以上一算。商人如果有产不报或报而数额不实的，罚令戍边一年，财产予以没收。

元鼎三年（前114），汉武帝又下令实行"告缗"，鼓励民间相互告发违反"算缗"法令的行为。规定将所没收违法商人资产的一半奖励给告发者。于是，在"告缗"运动中，政府没收的财产数以亿计，没收的奴婢成千上万，没收的私有田地，大县数百顷，小县百余顷。据说当时中等资产以上的商贾，大多数都遭到告发以致破产。

"算缗""告缗"推行之后，政府的府库得到充实，商人受到沉重的打击，专制主义中央集权制度空前加强。汉武帝的政治军事决策，得到了强有力的经济保障。

"算缗"和"告缗"对于当时政府经济危机的缓解，对于抑制在经济上可能与政府抗衡的商人的实力，都有直接的效用。

不过，这种以强制手段剥夺一部分民众的财产以充实国库的做法，却在历史上开了一个不好的先例。中国传统专制国家这一行政习惯的形成，显然受到汉武帝政治成功的启示。而中国古代大一统帝国重农抑商基本国策的切实推行，也可以在汉武帝时代找到历史源头。

宋人刘敞的《汉武帝》诗，批评了汉武帝以"告缗"为代表的经济政策。诗中写道："武帝固英雄，总揽皆轶材。南并桂林地，北守单于台。军费累万金，马迹穷九垓。时独卜大夫，规规输其财。忠义岂不然，告缗自此开。茫茫文景后，田野卒污莱。孰谓将相谋，竟贻黔首哀。晚悟富民侯，后时信悠哉。"作者为"黔首"鸣"哀"，认为汉武帝虽然可称为"英雄"，但是其经济政策导致的社会危机是不可否认的。

十二个丞相

自汉初以来，继承秦制，丞相有相当大的权力。汉高祖刘邦和汉惠帝刘盈分别以第一代功臣中功次居于前列的萧何和曹参为丞相，丞相位望曾经盛极一时。《汉书·百官公卿表上》说：丞相的职能，是"掌丞天子助理万机"。当时的丞相，实际上是朝廷掌握行政实权的总理大臣。汉景帝时，窦太后期望封皇后的哥哥王信为侯，汉景帝表示：请允许我和丞相商量商量。于是与丞相周亚夫商议，周亚夫以高帝刘邦"非有功，不得侯"的预先约定予以坚定的拒绝。汉景帝默然而有沮丧之色，无可奈何。最终等到周亚夫去世之后，王信才得以封侯。可见当时相权之重。

《史记·魏其武安侯列传》记载，汉武帝初年，田蚡任相，一次奏事，坐谈竟日，荐举升迁的官员，甚至有从平民直接任职级二千石的高级官僚的，使皇帝的用人权力受到侵犯。汉武帝终于表露出内心的不满。

汉武帝成年亲自主持政务之后，有意改变丞相位尊而权重的传统。他曾经有设置左右二丞相的意图。征和二年（前91），他任命刘屈氂为左丞相，颁布诏书，宣布分丞相官署为两府，以期待天下远方合适的人选。这一后来未曾实行的分设左右丞相的设想，其主要出发点显然是为了分弱相权。汉武帝还特意从身份低微的士人中破格选用人才，担任参与国家政治中枢主要决策的侍中、常侍、给事中等职，让他们能够出入宫禁，随侍左右，顾问应对，参议要政。这些成为近臣的官员，身份相当于皇帝的宾客和幕僚。皇帝亲自任命和直接指挥的高级将领，也往往参议机要。大司马大将军卫青、大司马骠骑将军霍去病等，权势都超过丞相，又兼以"侍中"之职，具有了参与宫廷重要决策的特殊地位。于是，和属于丞相、御史大夫和九卿所构成的官僚机构"外朝"相对应的"中朝"得以形成。

"中朝"又称"内朝",由皇帝左右亲信的近臣所构成。重要政事,"中朝"在宫廷之内就先自作出了决策。尚书,本来是皇帝身边掌管文书的官员。"中朝"形成之后,尚书的地位日益重要。尚书和一般仅仅参与宫廷议政的官员不同,由于既有官署、官属,又有具体的职司,作为皇帝的秘书机构,在"中朝"逐渐居于核心地位。

汉代制度,地方官每年定期将管辖区域内的户口、生产、赋税、治安、司法等情形编造文书,逐级上报朝廷,称作"上计"。上级对下级的政绩进行考察考核,以为评定等级,决定升降赏罚的标准,称作"考课"。主管郡国"上计"和"考课",并且根据官吏的政绩,奏行赏罚,是丞相的主要职责之一。然而在汉武帝时代,却有皇帝亲自接受"上计"的情形。《汉书·武帝纪》记载,元封五年(前106)春三月,汉武帝曾经东巡至于泰山,接受诸侯王列侯朝贺,"受郡国计"。太初元年(前104),又曾经"受计于甘泉"。汉武帝直接"受计",说明当时他已经牢牢把握了对各地诸郡国的控制权。

汉武帝在位时,曾经频繁任免丞相。他在位54年,先后用相13人,平均任职时间为4.15年。其中,卫绾在汉景帝时即任相,所以汉武帝实际任命的丞相计12人。除田千秋继续在汉昭帝时代担任丞相之外,其余11人中,3人在任上去世(其中田蚡精神错乱致死,也不属于正常死亡),3人被免职,2人有罪自杀,3人下狱处死。自杀及下狱死的丞相有:

李蔡，任职2年，有罪自杀；

严青翟，任职2年又10月，有罪自杀；

赵周，任职2年又7月，下狱死；

公孙贺，任职11年又3月，下狱死；

刘屈氂，任职1年又2月，下狱腰斩。

加上窦婴免职后弃市，以及田蚡非正常死亡的特殊情形，政府高层官员受到严厉处置数量如此之多，密度如此之大，在历史上是空前的。由于丞相责任重大，又有伴君如伴虎的危险，公孙贺在初拜丞相时不受印绶。他叩头涕泣，向汉武帝哀告：臣出身边鄙，以从军参战鞍马骑射而为官，才能实在不能胜任宰相之职。汉武帝和身边诸臣都为之感动落泪。汉武帝吩咐道："扶起丞相！"公孙贺不肯起，武帝起身径自离去，公孙贺于是不得不就任。他是看到公孙弘之后李蔡、严青翟、赵周三人都是相继因罪处死，石庆虽以谦谨得终老，然而也多次遭到汉武帝言辞斥责，于是忧心忡忡。左右侍从问他，为什么不肯就职，他说：主上贤明，臣下不足以适应，所以担心承负重责。我从此算是完了！

公孙贺是汉武帝当政时丞相在职时间最长的一位，有11年多，但是也是命运最悲惨的一位，最后竟然全家都被处死。公孙贺的夫人卫君孺，是卫子夫的姐姐。公孙贺的命运，也和卫皇后色衰，卫氏家族势力败落有关。

杨生民《汉武帝传》讨论汉武帝用相，指出："从汉武帝即位到去世共换了十三位丞相。其中有五位基本上属于正常免职和正常死亡；有七位属于不正常死亡；一位是武帝死后托孤留任的。丞相处于当时政治生活的中心，武帝与丞相的关系，反映了他恩威并用的坚毅、果断而又严酷的性格。"

栽培酷吏

秦汉时期称壮勇豪放，重义轻死，虽然未必据有权位和财富，然而在民间的影响却十分显著的人为"侠"。在秦汉时期，"侠"曾经进行过引人注目的表演。他们的社会活动和社会影响，为秦汉文化史涂染了绚丽的色彩。

秦汉时期的"侠"，其实是当时社会文化活泼生动的特色的一种人格代表，也是当时时代精神豪迈阔放风貌的一种人格象征。

司马迁在《史记·游侠列传》中，对于"侠"的文化品格和社会影响有所肯定。

其实，"侠"不仅是下层社会的群体代表，也是都市特殊的生活环境中的社会存在。"侠"的活跃，是秦汉时期特殊的社会文化的表现之一。"侠"的出现，以及表现出非同寻常的社会影响，也是以城市经济和城市文化的空前发达为条件的。

在侠风盛起的西汉时期，社会有所谓"轻侠"之称。《汉书·酷吏传·尹赏》说到"交通轻侠"。汉初功臣集团中也有所谓"轻猾之徒"。西汉时还曾经通行"轻薄"或"轻薄少年"称谓。以为政"残贼"闻名的尹赏就任长安令后，即曾以严酷手段打击威胁治安的"长安中轻薄少年恶子"。所谓"轻"，形容这些人生活态度的急节浮躁，其含义和西汉时形容民风习用语"剽轻""轻悍""轻利""精而轻"的"轻"十分相近，西汉"少年"好勇斗狠、激进豪放的性格特征，代表着时代精神的某种倾向。

自西汉时代起，开始有"酷吏"的称谓。所谓"急刻""酷急""刚暴强人"，是这一类官僚基本的性格特征。他们的行政方式，特别突出效率的提高和手段的严厉。以"暴酷""峻文""惨急"为特征的酷吏政治，从一个方面代表了西汉吏治的时代特色。

"轻侠"和"酷吏"是社会矛盾中激烈对立的两种力量，其行为特征却表现出共同的倾向。

汉武帝时代政风峻急，与他的个人性格相应，也与当时行政倾向的严厉相符合，一大批酷吏掌握了执政权力。

《史记·酷吏列传》具体记载了11位著名的酷吏的事迹。这11位酷吏是郅都、宁成、周阳由、赵禹、张汤、义纵、王温舒、尹齐、杨仆、减宣、杜周。其中，郅都是汉景帝时名臣，其余10位都是汉武帝所任用。此外，还有蜀守冯当、广汉李贞、东郡弥仆、天水骆璧、河东褚广、京兆无忌、冯翊殷周、水衡阎奉，"何足数哉！何足数哉！"他们有的"擅磔人"，有的"锯项"，有的"妄杀"，手段都极其残暴。"以武犯禁"的"侠"，在酷吏的镇压运动中首当其冲。

《汉书·酷吏传》列名13人，张汤、杜周单独立传，较《史记·酷吏列传》又增加了田广明、田延年、严延年、尹赏。其中，尹赏是西汉末人，而田广明仍然是汉武帝时人，田延年、严延年活跃在汉昭帝时，其实也体现了汉武帝时代的政风。班固在《汉书·酷吏传》最后"赞曰"一段文字中突出说明了汉武帝时代酷吏的行为特征，接着又说，从这一时期开始以至汉哀帝、汉平帝时，"酷吏众多，然莫足数"，也指出了汉武帝时代酷吏生成的历史特征。

李陵案例

李陵是名将李广的孙子。他少年时就任侍中建章监，担任了卫青出击匈奴之前曾担任的职务。他善骑射，谦让待士，汉武帝以为他有李广之风。他曾经率领八百骑兵深入匈奴腹地二千余里，又平安归还，拜为骑都尉。汉武帝让他率领勇敢之士五千人，于酒泉、张掖地方操练备战。贰师将军李广利伐大宛，李陵曾经率部接应。

天汉二年（前99），李广利率三万骑兵出酒泉，击匈奴右贤王于天山。汉武帝于未央宫武台殿召见李陵，准备派他为李广利军护送辎重。李陵叩头请求，希望自当一队，往兰干山南吸引匈奴单于部队。汉武帝说：你是不愿意统属于贰师将军部下吧！我此次发军数量多，没有骑兵可以调配给你。李陵表示不需要骑兵，愿以少击众，率步兵五千人冲击单于王庭。

汉武帝安排强弩都尉路博德率军于半道接应李陵军。

路博德是前伏波将军，羞于为李陵担任后援，于是上奏说：方今正是秋季，匈奴马肥，不便出击，臣愿让李陵等待春季，我们一同率酒泉、张掖骑兵各五千人并击东西浚稽，一定可以大胜。

汉武帝看到上书，心中愤怒。他疑心一定是李陵后悔了，不愿出兵，而怂恿路博德上言。于是诏示路博德：我本来要给李陵骑兵的，他自己表示要以少击众。今虏入西河，你迅速引兵走西河，阻挡钩营之道。

汉武帝又诏示李陵：以九月出发，出遮虏鄣，至东浚稽山南龙勒水上，观察敌情，如果没有敌军，从赵破奴故道行抵受降城休整，及时派驿骑通报军情。你跟路博德是怎么商量的，如实上报。

应当说，汉武帝的这一决策是错误的。以往汉军出击，都是在春夏之季。秋冬正是匈奴南下季节。这时匈奴马队的机动性最强，而汉人不耐严寒，作战不利。而他这一错误决定的背景，是源于对李陵的无根据猜疑。

李陵遵命率步卒五千人出居延，北行三十日，至浚稽山扎营。他绘制了沿途山川地形图，派骑士陈步乐回长安报告。陈步乐受到汉武帝召见，述说了李陵的近况，汉武帝十分高兴，拜陈步乐为郎。

李陵部队在浚稽山遭遇匈奴主力。匈奴三万人围攻李陵。李陵部杀匈奴数千人，匈奴又调动周围兵力，合军八万骑兵攻李陵。李陵军中受伤三处者载于车上，受伤两处的驾车，受伤一处的持兵器继续作战，又斩杀匈奴三千。军中箭矢用尽，士兵斩断车辐，持之力战。在最后关头，李陵令残余部众分散突围，自己被追兵俘虏，自叹"无面目报陛下"，于是投降。

汉武帝得知李陵降匈奴，大怒，责问陈步乐。陈步乐自杀。群臣都斥骂李陵，只有司马迁为李陵申辩，因此遭受了极具人身侮辱的腐刑。

汉武帝又听信李陵为匈奴教练部队的错误传言，杀死李陵全家，致使李陵决心不再返回汉地。

唐人刘湾的《李陵别苏武》诗，试图写述李陵当时的复杂心境："汉武爱边功，李陵提步卒。转战单于庭，身随汉军没。

李陵不爱死，心存归汉阙。誓欲还国恩，不为匈奴屈。身辱家已无，长居虎狼窟。胡天无春风，虏地多积雪。穷阴愁杀人，况与苏武别。发声天地哀，执手肺肠绝。白日为我愁，阴云为我结。生为汉宫臣，死为胡地骨。万里长相思，终身望南月。"唐人胡曾的《咏史》组诗中有《李陵台》一首，其中这样写道：

> 北入单于万里疆，五千兵败滞穷荒。
> 英雄不伏蛮夷死，更筑高台望故乡。

诗人看来并不否认李陵兵败降敌的错误行为，但是内心似乎依然把他看作一位"英雄"。同时相信他会"更筑高台望故乡"，面对胡天冷月，思念自己的故国。

汉武帝的暴政酷刑灭杀了多少英雄？

"汉武好大喜功，黩武嗜杀"（〔宋〕葛立方《韵语阳秋》），这样的历史评价，应当说是不违反历史事实的。

典型的一个例子，是颜异以"腹诽"罪被判处死刑。

颜异因廉洁正直，由基层官吏升任大司农，主管经济事务。他对于汉武帝造白鹿皮币的政策表示不同意见，引起汉武帝不满。酷吏张汤与颜异素有成见，正好有人因别的事情告发颜异，张汤审理此案时，竟然以"腹诽"定了颜异的死罪："（张）汤奏当（颜）异九卿见令不便，不入言而腹诽，论死。"据《史记·平准书》说，从此之后，有了"腹诽之法"。

宋代学者洪迈《容斋三笔》卷二有"无名杀臣下"条，其中说:"《传》曰:欲加之罪,其无辞乎!古者置人于死地,必求其所以死。然固有无罪杀之,而必为之名者。"专制帝王要杀臣下,其实是不必寻找什么理由的。他举了三个例子,第一个就是张汤杀颜异。论者最后感叹道:"冤哉!此三臣之死也。"

"腹诽",《汉书·食货志下》写作"腹非"。"腹诽",是心中的异议。"腹诽之法"的出现,使得专制政治的残酷和无理,更上了一个等级。

张汤是使颜异致死的主要责任者。《汉书·张汤传》载,他不久也因法律的严酷而陷于死地。有人揭发,张汤办案时挟嫌报复,草菅人命,又有经济关系方面的污点。在审理时,张汤自杀。然而他死后,发现其家产不过五百金,都是正常俸禄所得。他的亲属想厚葬张汤,张汤的母亲却说:"汤为天子大臣,被恶言而死,何厚葬为!"于是出葬时载以牛车,有棺无椁。汉武帝得知张汤葬礼简朴,断定他因诬陷致罪,于是诛杀了揭发张汤的丞相府长史,丞相庄青翟也受到牵连,下狱后被迫自杀。这也许是一个错案又引带出了另外的错案。

在汉武帝时代,法令极其严酷。据《汉书·刑法志》说,当时因为社会矛盾尖锐,"穷民犯法,酷吏击断",法网越来越繁密。"律令凡三百五十九章,大辟四百九条,千八百八十二事,死罪决事比万三千四百七十二事。"法律文书堆满了办公地方的书案和书架,主持司法的官员也不可能全部通读。

在这样的法制环境下,冤狱纷生,不知有多少人不平而罪,不平而死,特别是没有权势,没有政治影响力的下层民众。其中,自然很可能也有一些本来可以促使文明进步,推动社会前行的"英雄",被暴政和酷刑灭杀了。

结　语

汉武帝时代的民族精神

我们说"汉武帝时代",通常是指汉武帝执政的历史阶段,也就是刘彻于汉景帝后三年(前141)正月即帝位到汉武帝后元二年(前87)二月去世这一时期,前后五十四年零一个月。如果是指汉武帝生活的年代,则从刘彻于汉景帝前元年(前156)出生到汉武帝后元二年(前87)去世,前后近七十年。

现在对于"民族"的定义还存在不同意见。如果我们姑且使用一般理解的"民族"一语的含义,承认汉王朝管理地域的民众可以看作一个民族共同体,那么,是可以讨论当时这个共同体的时代精神的。也就是说,可以通过回顾当时历史文化的面貌,认识汉武帝时代的民族精神。

鲁迅曾经由鉴赏汉代铜镜这样的艺术品,发表过对汉代文化特征的评论。他在《坟·看镜有感》中说:"遥想汉人多少闳放,新来的动植物,即毫不拘忌,来充装饰的花纹。""汉唐虽也有边患,但魄力究竟雄大,人民具有不至于为异族奴隶的自信心,或者竟毫未想到,……绝不介怀。"对于美术风格,鲁迅又在1935年致李桦的信中说:"惟汉代石刻,气魄深沈雄大,唐人线画,流动如生,倘取入木刻,或可另辟一境界也。"这里所说的"魄力""气魄",当然已经不限于艺术,而涉及了文化精神。这位虽不专门治史却对历史有透彻理解的思想家评价中国传统文化时往往多有悲凉感慨,然而他对于西汉时期民族精神之所谓"豁达闳大之风"的深情赞赏,却以积极肯定的态度,给人们留下了深刻印象。他总结当时人的历史创造时说:"要进步或不退步,总须时时自出新裁,至少也必取材异域。"古丝绸之路上发现的汉锦织文"登高明望四海",正反映了这一时期汉文化面对世界的雄阔的胸襟,而积极进取的意向,也得到生动鲜明的体现。

"登高明望四海"表现出的立高怀远的文化精神,是汉代文明繁荣的主要表现之一,也是中国文化史历程中我们至今可以引以为自豪的闪光点。

鲁迅所谓"闳放"和"雄大",既可以看作对"取材异域"且"自出新裁"收获最为突出的汉武帝时代社会文化风格的总结,也可以看作对当时我们民族性格、民族精神的表述。当时的汉人,比后来一些时代有更多的率真、更多的勇敢、更多的质朴、更多的刚强。而我们国民性中为近代激进学者所深恶痛绝的虚伪与懦弱、曲折与阴暗,在当时似乎还并不很明显。有人说,当时是中国文化的少年时代,是有一定道理的。《太平御览》卷七七四引《汉武故事》记录了著名的颜驷事迹:汉武帝有一天乘辇来到郎署,看到一位白头发白胡子的"老郎"。汉武帝问:"公何时为郎,何其老也?"回答说:"臣姓颜名驷,江都人,以文帝时为郎。"汉武帝诧异这位在自己祖父当政时就已经作了"郎"的颜驷,何以始终未得提升,又问道:"何其不遇也?"颜驷答道:"文帝好文,而臣好武。景帝好老,臣尚少。陛下好少，而臣已老。是以三世不遇。"汉武帝时代"好少"，如果超越帝王个人情趣，理解为当时的社会习尚，可能也是适宜的。

有人在谈到汉武帝的时候说："汉武帝所有的事都'愣'，都过度，荷尔蒙旺盛，当一个人的人性得到最张扬的发挥时，肯定是他人的边界被压缩到最小的时候。汉武帝做事，除了他自己痛快，谁都不痛快。"这样的评断，不免简单化绝对化之嫌。专制帝王"做事"，自然大都是"除了他自己痛快，谁都不痛快"。然而进行跨时代的历史比较，以汉武帝和宋代以后的历史时期对照，所谓"愣"，所谓"过度"，所谓"旺盛"以及"人性""张扬"等等，是汉武帝的个性特征，同时可能也是当时社会的一种共同的特征。

当时虽然是在专制制度之下，依然有不少敢想敢说敢做的人，他们的心理，并没有完全被臣民的奴性所锁锢。侠风的盛起，就是这种精神倾向的社会表现之一。

当时慷慨豪放，重义轻死的所谓"游侠"的活跃，也体现了民间风尚的特点。荀悦在《汉纪》卷一〇《孝武一》中说："立气势，作威福，结私交，以立强于世者，谓之'游侠'。"荀悦强调了他们"立气势""立强"的精神特征。司马迁《史记》特别为他们立传，又称述其独异于社会其他人等的品格，说他们能够"救人于厄，振人不赡"，"不既信，不倍言"，所谓"仁者""义者"，与他们相比，也有不足。他们实际上在另一层次上实践了"仁""义"。司马迁注意到游侠精神传递的悠远，这种传递，并不凭借经典文献而得以承继；也注意到游侠社会声誉的广大，这种声誉，也并不凭借权势地位而得以张扬。司马迁写道：世间"闾巷之侠"，"匹夫之侠"，虽然往往违犯当时法禁，对于社会却并无贪求，因而值得肯定。其名声之远播，群众之追随，不是没有原因的。对于放纵私欲，奴役贫民，欺凌孤弱的行为，游侠其实也是鄙视的。司马迁不满意将游侠与"暴豪之徒"等同的官方见解，似乎反映了一种"体制外"的思想个性。然而他的见解，也是大体符合历史真实的。汉武帝时代的"游侠"曾经进行过引人注目的表演。他们的活动和影响，为当时的社会风貌涂染了鲜丽的色彩。而司马迁的态度，则表现出较高层次的文化人的情感倾向。看来，当时文化"正统"的力量还并不十分强大，人们坚持与执政者不同的立场，发表与执政者不同的意见，尚有一定的自由空间。《汉书·游侠传》分析游侠兴起的背景时所谓"禁网疏阔，未之匡改也"，应当说是客观的分析。

一个民族的精神风貌在不同的历史时期有所不同，这种变化往往也是与文化节奏的历史差异有关的。汉武帝生活的历史时期，社会有一种积极进取的时代精神。借用当时人的表述习惯，这种时代精神表现出"奋迅"（《史记·乐书》）、"骋驰"（《淮南子·修务训》）、"奔扬"（《史记·司马相如列传》）、"驰骛"（东方朔《七谏》）的节奏特征。汉武帝执政，用事四方，以武力拓边，尚武之风益起，影响到社会生活节奏转而更为骤急。当时人们热心一种飞车竞驱的"驰逐"运动，《史记·货殖列传》和《汉书·东方朔传》中都有反映。被《淮南子·说林训》称作"追速致远"的这种追求高速度的竞技形式，为社会上下普遍喜好。汉武帝喜好亲手击杀熊和野猪，挽弓纵马，追逐野兽，也可以看作相关社会风尚的表现。

《汉书·陈汤传》记载，西汉晚期，甘延寿、陈汤经营西域，克敌立功，有"犯强汉者，虽远必诛"的壮语。这种强烈的国家意识，应当是在汉武帝发动大规模的对外战争时开始形成的。这种意识的心理基础，是民族自尊心。不过，我们在进行相应的心理分析时，应当考虑到当时的历史背景，注意与民族沙文意识和军事霸权主义划清界限。我们看到，汉武帝决策发起对匈奴的远征，有足够的雄心和魄力，但是他本人的民族情结，其实一点儿也不狭隘。比如匈奴贵族子弟金日磾受到信用，甚至受顾命，辅幼主，就是明显的例子。著名秦汉史学者劳榦在为《创造历史的汉武帝》一书所写的序言中说，"旧说非我族类，其心必异，然自武帝托孤于休屠王子，天下向风，共钦华化，而金氏亦历世为汉忠臣，虽改朝而不变"。这样的历史事实，值得我们深思。当时汉王朝的主力军中有"胡骑"部队。"巫蛊之祸"时，和政府军抗争的太子刘据争取"长水胡骑"和"宣曲胡骑"的支持而未遂，是其失败的主要原因之一。汉人私自越境前往匈奴地区的诸多"亡人"，也把中原先进技术带到了草原地区。而张骞和苏武都曾经娶匈奴女子为妻，体现了在当时民族关系中，在战争的怒涛之下，也有亲和的缓流。

就汉武帝时代社会文化风格的总体趋势而言，按照鲁迅的表述，"闳放"是基于"自信""雄大"的另一面，则是"深沉"。这是我们认识和理解汉代社会的精神现象时应当注意的。

秦汉时期对于外域文化的认识，由于交往的有限，而怀有某种神秘感。秦始皇和汉武帝"并海"巡行的壮举以及所倡导的狂热的海上求仙运动，都可以作为反映当时人外域文化观的例证。

　　汉代民间西王母崇拜的盛行，可以反映出当时社会较为普遍的"天下"观或称"世界"观的文化现象。民间这种基于对远域国家部族的模糊了解所产生的迷信意识，是关心中国历史文化的人们所应当注意的。《易林》中所谓"西见王母""西过王母""西遇王母""西逢王母"而皆蒙福祉诸文句，都反映了西王母崇拜的这一心理背景。汉代受到普遍崇拜的吉祥永寿之神西王母，在当时巫风大畅的背景下，可以看作西方神秘世界的一种典型象征。或许正是因为这一原因，当同样来自西方的佛的形象在中土民间意识中得以确立并且逐渐高大起来之后，西王母神话的影响便渐渐削弱了。

　　秦汉时期，是中原华夏文化主动西向，同时又空前集中、空前强烈地感受到西方文化东来影响的历史阶段。对于西方见闻的疏略，对于西方认识的模糊，对于西方理解的肤浅，使得西方文化具有了某种神秘的色彩。当时人对于来自外域的新鲜事物，一方面有所欢迎，一方面又心存疑惧。《史记·秦始皇本纪》说，秦始皇沿海巡行，在琅邪梦与海神战，又听信占梦博士的话，以为海上恶神以大鱼蛟龙为前沿警卫，如果除去，则善神可致，于是"自以连弩候大鱼出射之"，果然在之罘见巨鱼，射杀一鱼。这样的记载，反映了这位帝王在探索外域文化时既以为神奇又深怀疑惧的心态，而同时内心仍然保持着一种文化自信和文化自尊。

　　不过，在汉武帝时代，这种自信和自尊又有超过其合理度，而演变成一种文化虚荣的情形。《史记·大宛列传》写道，汉武帝对于"外国客"，散财帛以赏赐，供给以厚重丰饶的消费条件。"行赏赐，酒池肉林"，又令"外国客"参观各仓库府藏之积累，以显示汉帝国的广大富足，希求对外国代表形成心理震慑。这种意识在后来中国文化与其他文化系统进行交往的历史中，也是有影响的。

相关链接

［1］张维华:《论汉武帝》,上海人民出版社1957年11月版

［2］金惠:《创造历史的汉武帝》,台湾商务印书馆1984年1月版

［3］林剑鸣:《雄才大略的汉武帝》,陕西人民出版社1987年12月版

［4］罗义俊:《汉武帝评传》,上海人民出版社1988年10月版

［5］杨生民:《汉武帝传》,人民出版社2001年8月版

［6］李长之:《司马迁之人格与风格》,生活·读书,新知三联书店1984年5月版

［7］肖黎:《司马迁评传》,吉林文史出版社1986年5月版

［8］张大可:《司马迁评传》,南京大学出版社1994年6月版

［9］许凌云:《司马迁评传》,广西教育出版社1994年11月版

［10］张立文:《董仲舒评传》,广西教育出版社1995年1月版

［11］王永祥:《董仲舒评传》,南京大学出版社1995年9月版

［12］陈广忠:《刘安评传》,广西教育出版社1996年8月版

［13］王云度:《刘安评传》,南京大学出版社1997年5月版

［14］马元材:《桑弘羊传》,中州书画社1981年10月版

［15］吴慧:《桑弘羊研究》,齐鲁书社1981年11月版

新版后记

汉武帝刘彻是汉代在位时间最长久的皇帝。在整个帝制时代，他执政的时间，也仅次于清康熙帝和乾隆帝。而汉武帝时代，是西汉王朝走向全盛的历史阶段。汉民族与汉文化当时已经逐步形成，并且在世界史进程中保留了光荣的纪念。

以研究汉武帝的人生与事业，以及汉武帝时代为主题的学术专著，其实并不多。就数量而言，也许相比同时代的人物，如董仲舒、司马迁、桑弘羊等，似乎并未明显领先。以我短视近视的目力所及，有张维华《论汉武帝》（上海人民出版社1957年11月版），金惠《创造历史的汉武帝》（台湾商务印书馆1984年6月版），刘修明《雄才大略的汉武帝》（上海人民出版社1984年11月版），林剑鸣《雄才大略的汉武帝》（陕西人民出版社1987年12月版），罗义俊《汉武帝评传》（上海人民出版社1988年10月版），杨生民《汉武帝传》（人民出版社2001年8月版），新近则有姜鹏《汉武帝和他的时代》（上海人民出版社2020年3月版）、辛德勇《制造汉武帝》（三联书店2018年8月版）等。检索张传玺主编《战国秦汉史论著索引续编》（北京大学出版社1992年11月版）和《战国秦汉史论著索引三编》（北京大学出版社2002年10月版），可知20

世纪相关学术专著还有一些。如以"汉武帝"为书名者，就有胡哲敷、朱炳尧、刘旅芝、范福元、北京仪器厂工人理论组、李唐、尹湘豪、〔日〕福岛吉彦等所著多部。

其中金惠《创造历史的汉武帝》一种，虽然编著者似并不特别知名，但是有劳榦与许倬云为之作序，读来醒目益心。劳序概括性地总结了汉武帝功过与汉武帝时代的历史脉动，评价比较到位，可以移录于后，与读者共享："有汉一代，获一统之契机，成华夏之旷典，东南及于涨海，西北穷于朔漠。崇儒表学，以劝风教。文景相因，惠政不懈，犹蓄势未发，至孝武则彬彬矣。是以《汉书》于《兒宽传》后，特著孝武名臣，以示武帝不遗仄陋，使鸿渐之翼，不困于燕爵；而王辅之才，远迹于羊豕。良图既启，壮绩斯开。六艺纷陈，群流共讬。于是诏举贤能，庭对茂异。人才之隆，为万祀法。迄于中兴，犹述祖制。白虎观论经，至熹平刻石，创业垂统之功，固不能不溯源于元朔元年一诏也。"关于武帝执政之得失存有争议者，劳序亦有论说，往往用转折语，从另一视角予以分析其背景和影响："虽然，用国犹如用天，机衡所操，群星共拱。天人之范，乃在自然。孝武崇术，势不下移。于是削宰执之权，立内朝之制。权量所锤，乃在天子宾客。既而政柄渐移于外戚宦官，溯其源流，斑斑可考；然有唐三省之制，亦溯源于斯，此其一也。汉伐匈奴，倾天下之力。挽漕输粟，财殚力痡。于是孔仅、桑弘羊之属或至公卿。告缗，均输、榷斡盐铁，往往为后世诟病；然五铢钱法，轻重适中，自后以迄清末，铸钱莫能出于五铢标准之外，昭宣之治，与有力焉。此其二也。至于轮台之悔，以富民为天下机衡，民亦劳止，遂得休息。系铃解铃，同出一手,非有大智慧,大决断者,莫能行焉,此亦与文过饰非者异矣。此其三也。旧说非我族类,其心必异,然自武帝托孤于休屠王子,天下向风,共钦华化,而金氏亦历世为汉忠臣,虽改朝而不变,精诚所格,大道为公,此其四也。"此外,"若夫李广未建奇功;仲舒不当重任;苏卿返国,早逾丁年;子长受刑,方膺宠寄;是则机缘偶合,无计可施,白璧微瑕,自亦不必废然长叹也。"许序则从宏观视角考察汉武帝时代的历史变化,有对于政治史规律性特点的思考。其中写道:"汉初丞相非列侯不可,列侯又非军功及帝室亲戚不可封。甚至二千石也大率由功臣充任。是以武帝以前,汉室政权,基本上是贵族集团与帝室合占的局面。武帝以后,地方豪强经数代剪伐已经垂垂将尽。丞相与二千石的职位,也渐由功臣以情与势的积累,在时机成熟时,虽不发为当时的大变化而不可得。历史上的英雄人物,即是能因时乘势,推波助澜,英雄造时势,时势也决定了英雄,二者相激相荡,于是历史既不能是一切命定的,也不是偶然的。历史的趋势限制历史人物的抉择机会,历史人物的决定,却也终乎在诸项可能之中抉择了演变的方向。方向一旦定了,历史不能回头,后人遂只有接受这个事实,再作下一步的抉择。"许倬云说:"是以史家叙事易,论断难,而评骘更难。"(金惠编著:《创造历史的汉武帝》,台湾商务印书馆1984年6月版,第3页至第6页)

这些意见,对于我们认识、理解和说明汉武帝的历史作用提供了有积极意义的启示。

这本《汉武英雄时代》,中华书局2005年8月初版,按照出版社要求,是为适应较广大读者层面需求的史学普及读物。

中华书局版承责任编辑樊玉兰费心编发，可能有一些影响。主要是由于作者不适宜完成这样的编写任务，效应可能未能达到出版家起初的预期设想。此次幸有华夏出版社好意列入"史家讲史"丛书出版计划，责任编辑杜晓宇、吕方精心设计，精心加工，一种新版现在摆在大家面前。编辑、校对以及作者改正了原书的若干错误。有的信息也进行了充实与更新。总体说来，质量是有所提高的。虽然写作方式并非上文说到的那些《汉武帝》《汉武帝传》以及《汉武帝大传》等那么严肃庄重正规，但是就有些学术资料的发掘，有些学术信息的关注，有些学术新见的发表而言，是表现出若干创意和新识的。

当然，书中的疏误和缺失，是必然存在的。也许将来有机会能够做一本对汉武帝这位历史人物进行完整总结和全面分析的新的学术专著，可以报告更多的研究心得。

谨此就《汉武英雄时代》华夏出版社新版的面世予以说明，希望得到读者朋友们的理解。

王子今

2023 年 8 月 12 日

北京大有北里